A ESSÊNCIA DA
Oração

COLEÇÃO PENSAMENTOS E TEXTOS DE SABEDORIA

A ESSÊNCIA DA
Oração

A ESSÊNCIA DA SABEDORIA DOS
GRANDES GÊNIOS DE TODOS OS TEMPOS

MARTIN CLARET

A ARTE DE VIVER

Créditos

© Copyrigth Editora Martin Claret Ltda., 1997

IDEALIZAÇÃO E REALIZAÇÃO
Martin Claret

CAPA
A Virgem e o Menino entre os Arcanjos Miguel e Rafael (detalhe), Pietro Perugino
(Ver página 125)

MIOLO
Revisão
Elizabete F. da Silva

Direção de Arte
José Duarte T. de Castro

Editoração Eletrônica
Editora Martin Claret

Papel
Off-Set Champion, 75g/m²

Impressão e Acabamento
PSI7

Editora Martin Claret Ltda
R. Alegrete, 62 - Bairro Sumaré - São Paulo-SP
CEP 01254-010 - Tel.: (11) 3672-8144 - FAX: (11) 3673-7146

www.martinclaret.com.br / editorial@martinclaret.com.br

Agradecemos a todos os nossos amigos e colaboradores — pessoas físicas e jurídicas — que deram as condições para que fosse possível a publicação deste livro.

Impresso - 2012

A ARTE DE VIVER

Seja profeta de si mesmo

Martin Claret

"A função derradeira das profecias não é a de predizer o futuro, mas a de construí-lo."

Somos criaturas programáveis

Caro leitor: não é por acaso que você está lendo este livro-clipping. Nada acontece por acaso. Tudo acontece por uma causa.

Possivelmente a causa de você o estar lendo, seja a sua vontade de obter mais informações, ou expandir a sua consciência. A causa, também, pode ser a força da minha mentalização.

Cientistas, antropólogos, psicólogos e educadores têm afirmado que o ser humano é uma criatura culturalmente programada e programável.

Eis aí uma grande verdade.

Seu *hardware* e seu *software*

Nosso cérebro e nosso sistema nervoso — o nosso hardware *(a máquina) — é mais ou menos igual em todas as pessoas. A grande diferença que faz a diferença é o que está gravado ou programado no cérebro, isto é, o nosso* software *(o programa).*

Explicando de uma maneira extremamente simplificada, você tem três tipos de programação: 1ª- a programação genética (o instinto); 2ª- a programação sócio-cultural (família, amigos, escola, trabalho, líderes espirituais e políticos, livros, cinema, TVs, etc.); 3ª- a autoprogramação ou a programação feita por você em você mesmo.

Na primeira programação você não tem nenhum controle; na segunda, tem controle parcial; e na terceira programação você tem controle total.

É fundamental que você saiba, conscientemente, controlar o terceiro tipo de programação, ou seja, a autoprogramação.

Um método de autoprogramação humana

*Todos os livros-*clippings *da coleção* Pensamentos de Sabedoria *foram construídos para conduzir você a se autoprogramar para um estado de ser positivo, realístico e eficiente.*

Depois de longa pesquisa e vivência — análise e intuição — concluí que há, e sempre houve, um método simples e seguro de autoprogramação.

As informações adquiridas através da leitura de "historinhas", parábolas, fábulas, metáforas, aforismos, máximas, pensamentos, etc., podem, eventualmente, atingir seu subconsciente sem passar pelo crivo do consciente analítico e bloqueador. Esta prática permite, sem grande esforço, implantar em seu sistema automático perseguidor de objetivos, uma programação incrivelmente poderosa geradora de ação.

Sabemos — o grande objetivo da educação não é apenas o saber, *mas a* ação.

Um dos maiores Mestres de nosso tempo e um gênio na Arte de Viver, formalizou, com incrível simplicidade, este princípio, quando ensinou: "Pedi e vos será dado; buscai e achareis; batei e vos será aberto. Pois todo o que pede, recebe; o que busca, acha; e ao que bate, se abrirá."

Hoje, em plena era da informática com a conseqüente revolução da comunicação, estamos compreendendo esses eficientes recursos que temos inerentemente dentro de nós.

Um livro "vivo" e motivador

A coleção Pensamentos de Sabedoria *foi idealizada e construída para nos programar (autoprogramar) para a plenitude da vida. São 72 volumes de 112/128 páginas, no formato de bolso 11,5 x 18 cm com textos essencializados, de alta qualidade gráfica, periodicidade mensal, baixo custo e distribuição a nível nacional.*

Este livro começa onde o leitor o abrir. Ele não tem início nem fim. Pode continuar na nossa imaginação.

A essência da sabedoria dos grandes mestres espirituais, líderes políticos, educadores, filósofos, cientistas e empreendedores está aqui reunida de uma maneira compacta e didaticamente apresentada.

Buscamos a popularização do livro.

A foto e o pequeno perfil biográfico do autor de cada pensamento têm a função de facilitar a visualização do leitor. As "historinhas", ou "cápsulas" de informação, estão apresentadas com extrema concisão. As principais emoções e os mais importantes assuntos do conhecimento humano, bem como a vida de personalidades imortais, estão presentes nos 72 volumes. Cada título da coleção

Pensamentos de Sabedoria *é um livro "vivo", motivador e transformador. Oferecemos o livroterapia.*

Uma paixão invencível

Minha permanente paixão cultural (já o disse em outros trabalhos) é ajudar as pessoas a se auto-ajudarem. Acredito ser esta minha principal vocação e missão. Quero "claretizar" as pessoas, ou seja, orientá-las no sentido de que vivam plenamente e tenham uma visão univérsica do mundo. Que sejam e que vivam harmonizadamente polarizadas.

Você tem o poder de genializar-se.

Este é o meu convite e o meu desafio lançado a você, leitor. Participe do "Projeto Sabedoria" e seja uma pessoa cosmo-pensante e auto-realizada.

"Pensar que É faz realmente SER".

Leitor amigo: vamos, juntos, construir uma poderosa força sinérgica para o nosso desenvolvimento pessoal e para o desenvolvimento de todas as pessoas de boa vontade.

Comece rompendo seus limites, modelando os grandes gênios. Visualize-se como já sendo "um vencedor do mundo".

Seja profeta de si mesmo.

A ARTE DE VIVER

NORMAN VINCENT PEALE
- Pastor e escritor norte-americano, nascido em Ohio. Nos Estados Unidos é chamado ministro de "milhões de ouvintes" e doutor em "terapêutica espiritual" Autor de duas dezenas de livros, inclusive o *best seller* mundial *O Poder do Pensamento Positivo*. Pregador espiritual, propagou seus ensinamentos através de programa de rádio e televisão. (1898 -1991).

> ❝
> Para triunfar sobre o medo é importante estar livre de todo e qualquer conflito mental. Tenha fé em Deus, em si próprio e nas pessoas.
> ❞

Que é Deus?

Huberto Rohden

Deus não é uma pessoa, algum super indivíduo, residente em alguma longínqua galáxia do Universo. Pessoa, indivíduo, é necessariamente algo finito, limitado.

Deus pode ser chamado a Vida do Universo, da qual vem todos os vivos, as criaturas finitas. A Vida como tal é transcendente a todos os vivos, mas é também imanente em todos eles; os vivos são vivos porque neles está a Vida. A essência de todos os vivos é a Vida; as existências vivas não são Deus por sua existência, que é sempre limitada. Identificar a existência viva com a essência da Vida seria ilógico panteísmo.

Mas identificar a essência dos vivos com a Vida Universal, isto é a grande verdade do monismo.

Quando o homem ultrapassa o âmbito dos sentidos e da mente, que só percebem existências finitas, então atinge ele a zona da essência, a alma invisível de todas as existências visíveis.

Há uma essência absoluta, que se manifesta em todas as existências relativas.

É esta a experiência de todos os místicos, que também se chama êxtase, *samadhi*, *satori*.

Nenhuma análise intelectual dá certeza de Deus — mas a intuição racional (espiritual) dá plena certeza de Deus.

Deus pode também ser chamado a consciência cósmica, que está, embora imperfeitamente, em todos os conscientes individuais.

A consciência cósmica de Deus é:

— oniconsciente em si, em sua absoluta transcendência,

— inconsciente nos minerais, não por causa do recebido, mas por causa do recipiente,

— subconsciente nos vegetais, pela mesma razão,

— semi-consciente nos animais, pela mesma razão,

— ego-consciente no homem atual, que está demandando à cosmo-consciência da *logosfera*.

Segundo o eterno princípio da lógica, o Infinito só pode manifestar a sua absoluta infinitude segundo a medida do recipiente relativo das finitudes, em que se manifesta parcial e imperfeitamente.

Neste sentido, diz a sabedoria milenar de Bhagavad Gita: "A teia da aranha revela a aranha, mas também a vela[1]". Quer dizer, todo o finito só pode revelar finitamente o Infinito, porque necessariamente também o vela e o encobre.

É este o modo como a oniconsciência se manifesta parcialmente em toda a natureza em que está imanente.

Para o homem que atingiu a cosmo-consciência, todas as coisas do mundo são como santuários da

---

[1] "Vela" do verbo velar, isto é: ocultar (N. do E.)

Divindade, onde ele pode cultuar Deus. Mas, como Deus é a consciência universal, e o homem é apenas uma consciência individual, é natural que Deus, apesar de certo, seja sempre um mistério, um enigma, uma dolorosa interrogação.

Quanto mais o homem acha Deus, tanto mais ele o procura. Este homem está na linha reta da certeza de Deus, e por isto mesmo ele o procura sempre mais e sofre a sua própria limitação e finitude, porquanto, diz a matemática: Todo o finito em demanda do Infinito está sempre a uma distância infinita. Desta dolorosa angústia sofria o próprio Jesus. Dessas dolorosas interrogações estão repletas as páginas deste livro.

Quem nunca viveu e sofreu Deus, dificilmente compreenderá a alma deste livro.

A certeza de Deus é compatível com a procura de Deus.

Deus, o eterno anônimo de mil nomes.

(In: *Deus*, Huberto Rohden, Editora Martin Claret, São Paulo, 1980.)

A ARTE DE VIVER

TEILHARD DE CHARDIN - Teólogo, cientista, matemático, filósofo e geólogo francês. É um dos expoentes da teologia contemporânea. Inovou no campo da filosofia apresentando teorias mescladas de espiritualidade e ciência. Desagradou a Igreja Católica e somente após sua morte é que suas obras foram reconhecidas pelo Vaticano. Sua obra mais famosa é *O Fenômeno Humano*. (1881-1955).

66

Amar a Deus não somente de todo o seu corpo e de toda a sua alma, mas de todo o Universo-em-evolução.

99

A ARTE DE VIVER

Clínica da alma

(Um oferecimento das Igrejas Presbiterianas)

Médico cirurgião: Jesus Cristo
Grau honorífico: Filho de Deus
Médico auxiliar: o Espírito Santo
Campo de estudo: o Coração
Experiência: infalível e eterna
Residência e Consultório: em todas as partes
Seu poder: Ilimitado
Sua especialidade: o Impossível
Seu instrumento: o Poder
Seu obséquio: a Graça
Seu livro de receitas: a Bíblia
Enfermidades para curar: Todas
Preço do tratamento: a Fé
Garantia: Absoluta
Sala de cirurgia: o Altar
Hospital: a Igreja
Dieta: Oração e Jejum
Exercícios: Boas obras e frutos
Venha hoje mesmo...
Hora de Consulta: as 24 horas do dia.

Dr. Jesus Cristo

A ARTE DE VIVER

SANTA TERESA DO MENINO JESUS - Religiosa nascida em Alençon, França. Desde a infância demonstrou inclinação religiosa. Aos 15 anos pediu autorização ao Papa para ingressar no Convento. Seu nome de batismo é Teresa Martin, mas é conhecida como Teresa do Menino Jesus, em virtude de sua paixão por Jesus Infante. É muito venerada pelos católicos e considerada padroeira principal das missões, também padroeira secundária da França, ao lado de Joana D'Arc. Costumava anotar suas experiências religiosas e espirituais as quais foram publicadas sob o título de *História de uma Alma*. (1873 -1897).

> "
>
> Não estejais falando com Deus e pensando noutra coisa, que isto é não entender o que seja a oração mental.
>
> "

A ARTE DE VIVER

Oração atribuída a São Francisco de Assis

Senhor,
Fazei-me instrumento de vossa paz.
Onde houver ódio, que eu leve o amor;
Onde houver ofensa, que eu leve o perdão;
Onde houver discórdia, que eu leve a união;
Onde houver dúvida, que eu leve a fé,
Onde houver erro, que eu leve a verdade;
Onde houver desespero, que eu leve a esperança;
Onde houver tristeza, que eu leve a alegria;
Onde houver trevas, que eu leve a luz.
Ó Mestre,
Fazei que eu procure mais consolar, que ser consolado;
compreender, que ser compreendido;
amar, que ser amado.
Pois é dando que se recebe,
é perdoando que se é perdoado,
e é morrendo que se vive
para a Vida Eterna.

A ARTE DE VIVER

GUERRA JUNQUEIRO (Abílio Manuel de) - Poeta, escritor e filósofo português, nascido em Freixo-de-Espada-à-Cinta (Trás-os-Montes). Estudou Direito na Universidade de Coimbra. Ocupou alguns cargos administrativos em, cidades portuguesas. Foi deputado. Viveu algum tempo em Berna (Suíça) representando Portugal como Ministro. Suas obras são caracterizadas pelo panteísmo e religiosidade. Escreveu muitas obras, principalmente em versos. Sua obra-prima é: *Os Simples*, de influência realista. (1850 -1923).

❝

Rezar é mais. Rezar é o superlativo do cantar. A oração é a canção angélica, a canção chorada de mãos postas.

❞

A ARTE DE VIVER

Recorra ao poder da oração

Norman Vincent Peale

Uma senhora casada, ainda jovem, confessou-me que alimentava muito ódio, ciúmes e ressentimentos para com suas vizinhas e amigas. Vivia também muito apreensiva, sempre preocupada com os filhos, receando que viessem a ficar doentes ou que sofressem um acidente ou que fracassassem no estudo. Sua vida era cheia de pesares, temores, ódios e infelicidades.

Perguntei-lhe se rezava alguma vez. Respondeu que o fazia somente quando se sentia aflita, mas admitia que isso não lhe dava nenhum consolo, razão por que não fazia orações freqüentemente.

Fiz-lhe ver que a prática de uma oração verdadeira poderia modificar-lhe a vida. Recomendei-lhe que somente desse guarida no espírito a pensamentos bons e animadores. Sugeri-lhe que, todos os dias, à hora das crianças virem da escola, fizesse suas preces a Deus e lhe pedisse proteção. A princípio, ela não se mostrara muito confiante quanto ao resultado de minhas recomendações, mas acabou tornando-se uma das mais fervorosas adeptas dessa prática de orações. Lê avidamente livros e boletins religiosos e não deixa de observar as normas para a conquista dessa força inefável que temos em nós mesmos. Esse processo lhe renovou a vida, como se vê pela seguinte carta que me escreveu recentemente:

"Creio que meu marido e eu fizemos maravilhoso progresso nessas últimas semanas. O meu maior progresso data da noite em que o senhor me disse que "todo dia é um dia bom para se rezar". Comecei então a pôr em prática a idéia de me afirmar ser todo o dia um bom dia para se fazer uma prece, o que faço assim que acordo de manhã. Posso dizer positivamente que não tive um dia ruim ou atribulado desde aquela ocasião. O fato extraordinário é que meus dias verdadeiramente não têm sido mais fáceis ou livres de um aborrecimento qualquer, mas acontece que tais dificuldades e aborrecimentos não têm mais o poder de atribular-me. Todas as noites, começo minhas orações fazendo uma lista de todas as coisas pelas quais sou grata, pequeninas coisas que me aconteceram durante o dia e que me proporcionaram felicidade. Sei que esse hábito fez com que o meu espírito se concentrasse apenas naquilo que só nos proporciona o bem. Não deixa de ser maravilhoso o fato de eu não ter tido, durante seis semanas, um único dia ruim e qualquer ressentimento contra quem quer que seja".

Ela descobriu uma força extraordinária no poder da oração.

Você poderá fazer o mesmo. Eis dez regras para conseguir, com a oração, ótimos resultados:

1. Deixe seus afazeres por alguns minutos, todos os dias, para, nesse período, em silêncio, concentrar seus pensamentos em Deus. Isso fará com que se torne espiritualmente receptivo.

2. Faça depois sua oração, usando palavras simples, naturais. Conte a Deus tudo que lhe vai pelo pensamento. Não pense que deva empregar frases religiosas estereotipadas. Converse com Deus em sua própria linguagem. Ele o compreende.

3. Ore quando for para o trabalho, no ônibus, no automóvel, mesmo quando estiver sentado à sua escrivaninha. Recorra a pequeninas orações, fechando os olhos às coisas deste mundo e concentrando-se, por haver espaço de tempo, como se Deus estivesse presente. Quanto mais o fizer, todos os dias, tanto mais sentirá a Sua Presença.

4. Não faça sempre pedidos quando rezar; ao invés afirme que lhe estão sendo dadas as bênçãos de Deus e as agradeça.

5. Reze com a crença de que as orações sinceras envolverão com o amor e a proteção de Deus todos aqueles que você ama.

6. Não alimente pensamentos negativos em suas orações. Somente os pensamentos positivos é que dão resultado.

7. Manifeste sempre sua aquiescência em aceitar as vontades de Deus. Peça o que quiser, mas esteja pronto a receber o que Deus lhe der. Talvez seja melhor do que aquilo que você pediu.

8. Cultive sempre a atitude de colocar tudo nas mãos de Deus. Peça que lhe seja dada a capacidade de proceder sempre da melhor maneira e de deixar confiantemente a solução nas mãos de Deus.

9. Ore pelas pessoas com as quais não simpatiza e que o tenham tratado mal. O ressentimento é barreira número um da força espiritual.

10. Faça uma lista das pessoas por quem deva orar. Quanto mais orações fizer por outras pessoas, especialmente por aquelas com quem não tenha relações, tanto mais resultados haverá de receber das orações.

(In: *O Poder do Pensamento Positivo*, Norman Vincent Peale, Editora Cultrix, São Paulo, 1994.)

> Não sabes orar? — Põe-te na presença de Deus e quando disseres: "Senhor! não sei fazer oração...", já começaste a fazê-la.

Josemaría Escrivá

A ARTE DE VIVER

Fórmula mágica

Huberto Rohden

Andavam os filósofos gentios em busca do elixir da vida.

Andavam os alquimistas medievais em busca do segredo do ouro.

Andavam os sábios de todos os tempos em busca da pedra filosofal.

Andam os homens de todos os dias em busca da felicidade perene.

E não sabeis vós, inquietos bandeirantes, que, há muito, foi descoberto o talismã que buscais?...

A fórmula mágica da ciência e da vida?...

O poderoso elixir de indefectível juventude e felicidade?. ..

Não foi Aristóteles nem Platão, não foi Sócrates nem Sêneca que tal prodígio descobriram.

Não foi sábio nem estadista, não foi poeta nem general que desvendou o grande segredo...

Foi um simples aprendiz de carpintaria, que nem nome parecia ter — o "filho do carpinteiro", como dizia o povo.

Homem que nunca se sentou em banco escolar...

Homem que não se formou em ciências e artes...

Homem que não freqüentou academia nem curso filosófico...

Tenho diante de mim a fórmula singela que esse homem elaborou...

Fórmula que resolve todos os problemas da vida e da morte.

Fórmula que diz tudo o que os sábios não disseram...

Fórmula que faz suportar os mais pesados fardos — até o próprio ego...

Fórmula que faz nascer auroras em pleno ocaso...

Fórmula que ensina a descobrir pérolas de sorriso — no mais profundo oceano de lágrimas...

Fórmula que descortina alvejantes berços de vida onde os homens só enxergam negros ataúdes mortuários...

É tão singela essa fórmula descoberta pelo filho do carpinteiro que o mais simples dos homens a pode aplicar.

Compõe-se de dois traços apenas — um vertical e outro horizontal.

Unindo em ângulo reto essas duas barras que, da oficina, trouxe o carpinteiro de Nazaré — tem-se o poderoso talismã de todos os segredos da vida e da morte.

Lança-se ao céu a haste vertical bradando: Amor divino!

Alarga-se pela terra a trave horizontal, clamando: Humana caridade!

E onde se cortam as duas barras do amor e da caridade — gotejam sobre a terra lágrimas rubras — a dor...

Duas linhas cruzadas — crucificadas.

À luz deste símbolo resolvo todos os problemas da vida e da morte.

Símbolo cujo simbolizado é redenção.

À mão dessa fórmula mágica descerro todas as portas.

Compreendendo...
Perdoando...
Amando...
Sofrendo...
Calando...
Ao pé da cruz...

(In: *De Alma para Alma*, Huberto Rohden, Editora Martin Claret, São Paulo, 1993.)

A ARTE DE VIVER

RUI BARBOSA - Orador, jurista, jornalista, político e conferencista brasileiro, nascido no Estado da Bahia. Ocupou vários cargos de destaque, inclusive o de Ministro de Estado e Presidente da Academia Brasileira de Letras. Foi eleito Deputado e Senador. Participou ativamente da campanha abolicionista. Elaborou a Constituição de 1890 e fez projeto de lei pela reforma do Ensino Secundário e Superior. Projetou-se no cenário mundial, realizando conferências na defesa dos interesses nacionais. Foi consagrado na Conferência de Haia com o título de *O Águia de Haia*. De seus escritos destaca-se: *Oração aos Moços*. (1849 -1923).

> Oração e trabalho são os recursos mais poderosos na criação moral do homem. Quem quer que seja que trabalhe, está em oração ao Senhor.

A ARTE DE VIVER

Pegadas na areia

Autor Desconhecido

Certa noite tive um sonho...
Sonhei que estava andando na praia com o Senhor e que, através do céu, projetavam-se cenas de minha vida.

Para cada cena que se passava, percebi que eram deixados dois pares de pegadas na areia: um era o meu e o outro do Senhor.

Quando a última cena da minha vida passou diante de mim, olhei para trás, para as pegadas na areia, e notei que muitas vezes, no caminho de minha vida, havia apenas um par de pegadas na areia.

Percebi, também, que isso aconteceu nos momentos mais difíceis e angustiosos do meu viver. Isso aborreceu-me deveras e, então perguntei ao Senhor:

"Senhor, tu me disseste que se eu resolvesse te seguir, tu andarias sempre comigo, por todo o caminho. Notei, porém, que durante as maiores tribulações do meu viver, na areia dos caminhos da vida, havia apenas um par de pegadas. Não compreendo porque, nas horas em que eu mais necessitava de ti, tu me deixaste".

E o Senhor respondeu-me:

"Meu precioso filho, Eu te amo e jamais te deixaria nas horas de tua provação, do teu sofrimento. Quando viste na areia apenas um par de pegadas; foi porque, nessas horas, *Eu te carreguei nos braços.*"

A ARTE DE VIVER

CARREL (Alexis) - Fisiólogo e cirurgião francês, nascido em Lyon. Pertenceu ao quadro de médicos e cirurgiões do Instituto Rockefeller de Pesquisas Médicas, em Nova York. Carrel foi precursor dos estudos e experimentos sobre intervenções e suturas realizadas em vasos sangüíneos. Em 1912 recebeu o prêmio Nobel de Fisiologia e Medicina pela sua contribuição no campo da cirurgia dos vasos sangüíneos. (1873 -1944).

> **O homem tem tanta necessidade de oração como o corpo de oxigênio.**

A ARTE DE VIVER

Como orar

Pe. Lauro Trevisan

Como dissemos em outra ocasião, há dois tipos de oração: a oração falada e a oração escutada.

A mais comum é a oração falada, pois é através desta que você manifesta a Deus o que você quer, e faz o seu pedido. Por esta prece, você toma a iniciativa, indo em busca de algum bem para si, espiritual, material, mental ou de qualquer natureza.

A chave do sucesso na oração está em saber orar. Como orar?

Primeiro requisito: saiba o que quer

Ao iniciar a sua oração, saiba o que você quer. Se não sabe o que quer, você ficará perdido por entre um emaranhado de palavras, que podem não ter sentido nenhum para você e, portanto, nada acrescentarão à sua vida.

Se você não sabe o que quer, nada acontecerá, pois não há nada para acontecer.

Defina mentalmente o objetivo da sua oração. Consiga especificar o conteúdo da sua prece.

Se você está triste, por exemplo, faça a oração da alegria; se está sem emprego e deseja um emprego, faça a oração do emprego; se está tomado de ódio, faça a oração do perdão e do amor; se está passando fome, faça a oração do alimento e da fartura; se precisa fazer uma viagem, faça a oração da viagem bem-sucedida; se está doente, faça a oração da saúde; se está sentindo dores, faça a oração do alívio; se está nervoso, faça a oração da calma; se deseja riqueza, faça a oração da riqueza; se deseja uma casa, faça a oração da casa; se não tem memória, faça a oração do reavivamento da sua memória; se deseja casar, faça a oração para atrair o seu verdadeiro Amor; se é infeliz, faça a oração da felicidade, e assim por diante.

Saiba o que você quer ao fazer a sua oração, caso contrário correrá o risco de papagaiar. O papagaio fala, mas não sabe o que está falando.

As orações escritas ou impressas são importantes na medida em que lhe dizem o que você quer alcançar.

Recuse-se, então, a fazer oração de sofrimento, de renúncias, de privações, porque é isso que vai acontecer-lhe.

Quem deve escolher o conteúdo da oração é você e não Deus. Deus é o Poder Infinito que se manifesta em você através da sua oração.

Saiba, portanto, o que quer, para que a sua oração lhe traga benefícios.

Segundo requisito: deseje realmente

Para que a sua oração tenha força, é preciso que você deseje realmente alcançar o conteúdo das suas afirmações.

Se você está desinteressado naquilo pelo que está orando, sua oração não tem força, não tem finalidade.

O desejo é a alavanca poderosa, capaz de impulsionar a sua prece até Deus. Se você não está interessado realmente, sua oração é sem energia, e se perde logo aí na curva do caminho.

É este tipo de oração que faz a pessoa dormir, cansar-se, distrair-se, perder a concentração, ficar devaneando no mundo da lua.

Mas, se você deseja ardentemente alcançar aquilo que está orando, você se concentra, põe energia espiritual e não se cansa.

O desejo é uma força poderosa.

"Seja o que for que desejardes — disse Jesus —, quando orardes, crede que tendes alcançado e alcançareis."

"Seja o que for que desejardes."

Em primeiro lugar, é preciso desejar. Assim você estará dando uma razão para a sua prece.

Na verdade, você sempre tem desejos na vida. Faça, então, a sua oração em cima desses desejos e, desta forma, se realizarão.

Terceiro requisito: tenha clareza na mente

Quando você sabe o que quer, fica fácil pedir. Manifeste a Deus o seu desejo, pedindo, declarando.

O receber depende do pedir.

Se você não pede, não recebe.

"Pedi e recebereis" — ensinou Jesus.

Defina com clareza o que você deseja atingir na sua oração.

Vou citar um texto de Norman Vincent Peale, que muito bem ilustra o que estou dizendo: "Às vezes, se vê, em escritórios, uma frase orientadora: 'escreva o que deseja', ou 'faça um memorando do que deseja'. Tal orientação é feita para evitar as intermináveis conversas, as descrições complicadas, os conceitos enevoados. Um princípio inicial na oração é saber exatamente o que desejamos dizer, e, de modo preciso, qual o nosso objetivo. Devemos ser capazes de expor o problema clara e sucintamente. Se tivermos de usar muitas palavras, isso, por si só, torna evidente que não estamos bastante seguros do que temos em mente. Quem pensa nitidamente em seu problema, e o expõe de forma que ele próprio o veja claramente, torna possível, com isso, e para si próprio a recepção daquelas respostas claras que estão à espera dele na mente de Deus. Só a clareza pode receber claramente."
(*Pensamento Positivo Para o Nosso Tempo*)

Quarto requisito: diga o que você quer

Agora que você sabe qual é o objetivo da sua oração, diga-a com simplicidade, clareza e de forma positiva.

De nada adianta se lamuriar, queixar-se a Deus, expressar o seu desespero com as palavras mais negras possíveis; de nada adianta tornar, na sua prece, mais desgraçada a sua desgraça, para comover a Deus; de nada vale afundar-se entre o último dos mortais e dizer-se indigno de tudo, incapaz de dar um passo na sua escuridão — tudo isso não leva a nada.

Deus sabe exatamente qual a sua situação.

Ele quer agora ser a realização da sua palavra.

Seja direto, claro e positivo.

Veja nas suas palavras a realização da solução, ou do pedido, e sinta a felicidade de já estar de posse desta verdade.

Diga tudo com suas próprias palavras, do seu jeito, com seus cacoetes. A forma como você se expressa não importa. Importa o que você quer dizer.

Você pode, até mesmo, ler uma oração já existente, que expresse o seu desejo, mas sinta-a brotando da sua mente e do seu coração.

Há pessoas que, na sua simplicidade, rezam, por exemplo, dez Pai-Nossos para alcançar a cura do estômago. Neste caso, está acontecendo o seguinte: primeiro, pela oração do Pai-Nosso você está entrando em contato com Deus; segundo, pelo seu pensamento, ligado no seu desejo, está fazendo o pedido. É válido.

Masaharu Taniguchi conta, num dos seus escritos, essa história pitoresca: "A Igreja Unity tem a seguinte oração para abençoar o dinheiro, ou os bens, para que eles se multipliquem: "O amor de Deus abençoa-os através de mim e multiplica-os". Uma senhora, que não sabia o sentido e a finalidade desta oração, mentalizou essas 'palavras da Verdade' a fim de acabar com os insetos nocivos. A oração produziu efeito imediato, e os insetos desapareceram."

Valeram a intenção e o desejo inscritos na mente daquela mulher. As palavras do texto foram apenas o veículo pelo qual ela comunicou a Deus o seu desejo mental.

Deus atende aquilo em que você acredita, e não aquilo que você diz.

O Pai Celestial atende aquilo que você diz quando você acredita no que diz.

Não é a oração, por si só, que é infalível, mas a oração feita com fé, esta sim, é infalível.

Lembre-se, mais uma vez, de que a melhor oração é a expressa de forma simples, direta, espontânea, que diz o que você quer dizer.

Geralmente, as orações curtas produzem melhor efeito na mente do que as longas e cansativas.

Quinto requisito: creia que já está alcançado

Disse Jesus: "Crede que tendes alcançado e alcançareis".

Quando você fizer uma oração, acredite que, pelo simples fato de estar fazendo a oração já está alcançada. Esta concepção parte da verdade de que Deus sempre é a resposta da sua oração.

Para criar esta realidade, nada melhor do que visualizar o seu pedido como já atendido.

Use a imaginação. O quadro mental tem uma força estupenda. Ao imprimir esta imagem na sua mente, você a vê claramente, nitidamente e, então, conserva, com mais força, esta verdade dentro de si.

A imagem é uma criação divina em você.

O que você tem poder de criar na mente tem poder de realizar.

Quando você faz a pintura mental do que deseja; quando você forma o quadro na sua mente, você está dando a melhor condição para a sua prece ser atendida.

Nunca se preocupe como é que vai acontecer. Esta é a parte de Deus.

Nem diga a Deus os meios pelos quais deverá

ouvir e atender a sua prece. Ele sabe melhor do que você, porque seu conhecimento é infinito.

A você pertence o pedir e crer que já está atendido.

A Deus pertence o dar e saber como vai dar.

Sexto requisito: persista

Como o pedir já contém o receber, feito o pedido, mantenha na sua mente esta verdade, persistindo nela com calma e paz de espírito, até que se torne convicção absoluta.

Perseverar na oração é manter a atitude mental de crença na realização da prece.

A persistência não envolve angústia, medos ou ansiedades. Trata-se de uma persistência agradável, alegre, que mantém a gostosa expectativa da realização da prece.

Esta imagem, conservada com fé e tranqüilidade na sua mente, apressa a realização, porque torna mais rapidamente unívoco o seu pensamento e, portanto, mais depressa se materializa.

Lembre-se desta verdade: Quem espera sempre alcança.

Sétimo requisito: relaxe e aprofunde-se

Quanto mais você se aprofunda na oração, mais liberto estará seu corpo e receptiva estará a sua mente. É assim que você estabelece estado de harmonia entre a mente e o corpo.

Para ajudar a atingir este estado de meditação profunda, você pode seguir o método de relaxamento de todo o corpo.

Nas profundezas do seu ser, você entra em contato direto com Deus, o Poder Infinito e a Sabedoria Infinita.

Sua oração, neste estado interior positivo e confiante, é infalível.

Feita a sua oração, descanse, pois, assim, você dá condições para que Deus lhe fale.

A tensão e a ansiedade impedem a comunicação divina.

Descanse no coração de Deus.

Lourenço Prado escreveu sobre este aspecto da oração: "O sentimento profundo de calma e tranqüilidade absoluta durante o tempo em que fizerdes a vossa afirmação é prova certa de que vosso pedido foi atendido e as forças divinas entraram em ação para executá-lo." (*Alegria e Triunfo*).

Quando você sente um alívio interior, aquela paz e alegria que se sucedem ao dia tormentoso, aquele sentimento de vitória sobre alguma coisa; aquela sensação de que já foi atendido, isto já é sinal de que, realmente, sua prece foi atendida. Neste caso, não precisa mais rezar sobre o assunto. Já está alcançado.

Oitavo requisito: agora, agradeça

Como a sua oração já foi atendida, agradeça desde já.

— Sim — dirá você — mas ainda não aconteceu realmente.

Quando uma oração acontece na mente, acontece materialmente.

Se a matriz do seu desejo está gravada na sua mente como verdade, é impossível não se materializar. É por isso que eu dizia antes, no título anterior, que, ao atingir o ponto mental da certeza, pode desligar a mente, descansar e agradecer, pois tudo já está realizado.

Para completar a sua certeza irremovível, faça agora a prece de agradecimento pela realização do seu pedido.

Agradeça com suas próprias palavras, ou através de um mantra, como esses: "Amém" — "Assim é e assim será" — "Assim é agora e sempre" — "Muito obrigado porque tu me ouviste" — "Graças te dou, ó Pai!"

Ou você pode fazer a seguinte prece: "Obrigado, Pai Celestial, que habitas o meu secreto, porque tu me ouviste. Eu sei que tu sempre me ouves, porque nós dois somos um. Tu és sempre a minha resposta, como ensinou teu filho divino Jesus, quando disse: 'Pedi e recebereis, porque todo aquele que pede recebe.'

Estou feliz e agradecido porque teu poder e sabedoria estão se manifestando, desde já, em mim.

Como é bom e maravilhoso, ó Pai, conhecer a verdade de que tu sempre ouves e atendes as preces!

Sinto-me descansado, aliviado, alegre e muito grato, ó Pai Celestial!

Obrigado! Obrigado! Porque assim é agora e sempre. Amém."

O amém que você diz no final da sua prece significa: Assim é. Em outras palavras, mantenha na mente esta verdade: Deus ouviu o meu pedido.

Não aceite nenhum pensamento de dúvida ou de medo.

"Deus ouviu o meu pedido."

"Estou sendo atendido divinamente."

"Sei que assim é e assim será."

Não há necessidade de se esforçar por convencer a Deus. Você e Deus são uma unidade, de tal modo que o seu pensamento é o pensamento de Deus, o seu desejo é o desejo de Deus, a sua resposta é a resposta de Deus.

Por que então esforçar-se?

Emmet Fox já dizia, num de seus livros, com muita razão: "Na oração ou tratamento (como na maioria das coisas), quanto menos esforço você fizer, melhor. Na verdade, o esforço derrota a si mesmo. Ore suave, docemente, sem tensão."

Aí está uma grande verdade.

A oração nasce da certeza e transcorre suavemente como a brisa sobre os trigais.

(In: *O Poder Infinito da Oração*, Lauro Trevisan, Editora e Distr. da Mente, Santa Maria RS.)

> "A alma e a inteligência são Deus dentro de nós."
>
> — Sócrates

A ARTE DE VIVER

Não conte com a sorte

Dr. Walter Doyle Staples

Contam a história de um velho que parecia ter de tudo. Ele tinha um filho querido, um cavalo premiado e muitas das coisas materiais desejadas pela maioria das pessoas. Um dia, porém, sua propriedade mais valiosa, o cavalo, escapou do curral e fugiu para as montanhas. Em um momento catastrófico, ele perdeu seu bem de valor inestimável.

Sabendo da calamidade, seus vizinhos vieram oferecer sua profunda solidariedade. Todos eles lhe diziam "Seu cavalo foi-se, que má sorte!" Eles choravam e tentavam consolá-lo. Mas ele respondeu:"Como vocês sabem que é má sorte?"

De fato, alguns dias depois o cavalo voltou para casa, onde sabia que havia comida e água em abundância. Juntamente com ele, vieram doze belos garanhões selvagens. Quando os aldeões ouviram a boa notícia, vieram todos cumprimentar o velho, dizendo "Que boa sorte, treze cavalos!" E o velho sábio respondeu:"Como vocês sabem que é boa sorte?"

Eles se lembraram das palavras dele no dia seguinte, quando seu filho, seu único filho, tentou montar um dos garanhões selvagens. Ele foi derrubado, quebrou a perna e ficou manco permanentemente. Quando os vizinhos souberam do acidente, vieram novamente a ele e disseram "Seu filho, aleijado para sempre. Que má sorte!" Mas o sábio velho mais uma vez perguntou:"Como vocês sabem que é má sorte?"

De fato, cerca de um ano depois, um chefe guerreiro veio à aldeia, recrutou todos os jovens fisicamente aptos e levou-os para uma batalha. A batalha foi perdida e todos os guerreiros foram mortos. O único jovem que restou na aldeia foi o filho manco do velho, pois ele não havia sido recrutado devido à sua deficiência física.

A moral da história é: *Você não sabe quando alguma coisa é boa sorte ou não; portanto, não conte com ela para chegar até onde quer ir.*

(In: *Pense como um Vencedor*, Dr. Walter Doyle Staples, Editora Pioneira, São Paulo, 1994.)

A ARTE DE VIVER

CONFÚCIO (Kung-Fu-Tse) - Filósofo e sábio chinês, nascido na província de Lu. Contemporâneo de Lao-Tse. Ocupou o cargo de Ministro de uma cidade chinesa, ocasião em que divulgou sua filosofia. Por defender os pobres e miseráveis com suas idéias filosóficas, foi mal compreendido e rejeitado até mesmo pelo povo. Sua fama só foi reconhecida após sua morte. (553 a .C. - 478 a.C.).

"
Transportai um punhado de terra todos os dias e fareis uma montanha.
"

A ARTE DE VIVER

O que é meditação

Bhagwan Shree Rajneesh

O *primeiro passo é saber o que é meditação. Tudo o mais é conseqüência.*

Não posso dizer-lhe que você deve fazer meditação, posso apenas lhe explicar o que ela é. Se você me compreender, estará em meditação; não existe nenhum dever nisso. Se você não me compreender, não estará em meditação.

Meditação é um estado de não-mente. Meditação é um estado de consciência pura sem conteúdo. Normalmente, sua consciência está repleta de lixo, como um espelho coberto de poeira. Há um tráfego constante na mente: pensamentos estão se movendo, desejos, memórias, ambições estão se movendo — é um tráfego contínuo! Dia após dia! Mesmo quando você está dormindo, a mente está funcionando, sonhando; continua pensando, continua com suas preocupações e ansiedades. Ela está se preparando para o dia seguinte; no fundo, uma preparação já está acontecendo.

Esse é o estado não-meditativo. A meditação é exatamente o oposto. Quando o tráfego cessa e não há mais pensamentos movendo-se e desejos agitando-o, você está totalmente silencioso — este silêncio é meditação. E só nesse silêncio a verdade é conhecida, nunca de outro modo. Meditação é um estado de não-mente.

Você não pode encontrar a meditação através da mente, pois a mente perpetua a si mesma. Você só pode encontrar a meditação colocando a mente de lado, sendo calmo, indiferente, desidentificando-se dela; vendo seu movimento, mas sem se identificar, sem pensar que você é a mente.

Meditar é ter consciência de que você não é a mente. Quando esta consciência vai mais e mais a fundo em você, bem lentamente alguns momentos chegam — momentos de silêncio, momentos de total pureza, momentos de transparência nos quais nada o agita e tudo está sereno. Nesses momentos de tranqüilidade você sabe quem você é, e conhece o mistério dessa existência.

E chega um dia, um dia abençoado, no qual a meditação se torna seu estado natural.

A mente não é natural; ela nunca se torna natural. E a meditação é um estado natural que foi perdido. É um paraíso perdido, mas o paraíso pode ser recuperado. Olhe para os olhos de uma criança, olhe e verá um profundo silêncio, uma inocência. Toda criança vem com um estado meditativo, mas ela tem que ser iniciada nos caminhos da sociedade—tem que aprender como pensar, como calcular, como raciocinar, como argumentar; tem que aprender palavras, linguagens, conceitos. E, pouco a pouco, ela perde o contato com sua própria inocência. Torna-se contaminada poluída pela sociedade; torna-se um mecanismo eficiente e deixa de ser humana.

Recuperar esse estado novamente é tudo o que é preciso. Você já o conheceu antes, por isso, quando entrar pela primeira vez na meditação, ficará surpreso — um sentimento muito forte de que você já conheceu esse estado antes, surgirá em você. E essa sensação é verdadeira: você já o conheceu antes; apenas se esqueceu. O diamante se perdeu num monte de lixo. Mas se você puder tirar esse lixo de cima, descobrirá o diamante novamente — ele é seu.

Na verdade, ele não pode ser perdido; apenas esquecido. Nós nascemos como meditadores, depois aprendemos os caminhos da mente. Mas nossa natureza real permanece escondida em algum lugar, bem no fundo, como uma subcorrente. Qualquer dia, cavando um pouquinho, você descobrirá que a fonte, a fonte de águas puras, ainda está fluindo. E a maior felicidade na vida é descobrir isso.

(In: *O Livro Orange*, Bhagwan Shree Rajneesh, Soma Arte e Edições, Brasília. 1982.)

A ARTE DE VIVER

SANTO AGOSTINHO - Teólogo, filósofo, escritor e bispo da Igreja Católica. Nasceu em Tagaste, Tunísia. Descendente de pai pagão e mãe cristã experimentou as contradições de seu espírito. Prevalecendo os rogos de sua mãe, corverteu-se ao cristianismo. Foi místico e sábio, consagrado pela Igreja Católica com o título de "doutor da graça".
Após sua conversão levou uma vida de Santidade. Seu dia é comemorado a 28 de agosto. Sua obra-prima: *Cidade de Deus*. (354 d.C . - 430 d.C.).

❝

> Invocar a Deus é chamá-lo a vir a ti, é convidá-lo para tua casa, para teu coração.

❞

A ARTE DE VIVER

Acredite em você mesmo

Louise L. Hay

A vida é muito simples. O que damos, recebemos. Creio que somos os responsáveis por tudo o que acontece em nossa vida, desde o pior até o melhor. Cada pensamento que temos cria nosso futuro. Cada um de nós produz suas próprias experiências pelos pensamentos e palavras que expressa.

Crenças são idéias e pensamentos que aceitamos como verdade. O que pensamos sobre nós e o mundo torna-se verdadeiro para nós. O que escolhemos acreditar pode ampliar e enriquecer nosso mundo. Cada dia que passa pode ser uma experiência empolgante, alegre, esperançosa ou triste, limitadora e sofrida. Duas pessoas dentro de um mesmo mundo, dentro das mesmas circunstâncias, podem vivenciar suas experiências de maneira completamente diferente. O que pode nos transportar de um mundo para outro? Estou convencida de que nossas crenças conseguem realizar essa tarefa. Quando nos dispomos a modificar nossas crenças primárias, estamos a caminho de uma verdadeira mudança em nossas vidas.

Sejam quais forem suas crenças sobre você mesmo e o mundo, lembre-se de que elas não passam de pensamentos, e que pensamentos podem ser modificados. É possível que você não concorde com algumas de minhas idéias. Elas talvez lhe pareçam desconhecidas e assustadoras. Não se preocupe. Só as idéias certas para você é que se tornarão parte de sua nova estrutura de pensamento. É possível, também, que você considere algumas de minhas técnicas simples demais ou tolas para funcionarem. Só lhe peço que tente experimentá-las.

Tratamento de Merecimento

Sou merecedor. Mereço tudo o que é bom. Não uma parte, não um pouquinho, mas tudo o que é bom. Agora me afasto de todos os pensamentos negativos, restritivos. Liberto e deixo ir as limitações de meus pais. Eu os amo e vou além deles. Não sou suas opiniões negativas, nem suas crenças cerceadoras. Não sou contido por nenhum dos medos ou preconceitos da sociedade em que vivo. Não me identifco mais com limitação nenhuma.

Em minha mente, sou livre. Agora me transporto para um novo espaço de consciência, onde estou disposto a me ver de maneira diferente. Estou decidido a criar novos pensamentos sobre mim mesmo e minha vida. Meu novo modo de pensar torna-se uma nova experiência.

Eu agora sei e afirmo que sou uno com o Poder de Prosperidade do Universo. Assim, prospero de inúmeras maneiras. Está diante de mim a totalidade das possibilidades. Mereço vida, uma boa vida. Mereço amor, uma abandância de amor. Mereço boa saúde. Mereco viver com conforto e prosperar. Mereço alegria e felicidade. Mereço a liberdade de ser tudo o que posso ser. Mereço mais do que isso. Mereço tudo o que é bom.

O Universo está mais do que disposto a manifestar minhas novas crenças. Aceito essa vida abundante com alegria, prazer e gratidão, pois eu sou merecedor. Eu a aceito; sei que é verdadeira.

(In: *Ame-se e Cure sua Vida*, Louise L. Hay, Círculo do Livro, São Paulo, 1982.)

> O medo bateu à porta; a fé atendeu — e não havia ninguém.

— Harold Sherman

A ARTE DE VIVER

Madre Teresa de Calcutá
A missionária da caridade

Pe. Terésio Bosco

Há na vida de Madre Teresa um episódio que acaba por baralhar muitas idéias e nos faz pensar. Um episódio-chave, talvez, para podermos compreender esta extraordinária personalidade.

"Numa daquelas noites passadas na estação de Howrah, em Calcutá, aí pela meia-noite, quando os trens param por algum tempo, chegou uma família paupérrima que costumava vir dormir na estação. Uma mãe e quatro filhos que iam dos 5 aos 11 anos. A mãe era um tanto burlesca, uma minúscula criatura envolta em um sari branco de algodão, fino demais para aquela noite de novembro, cabelos totalmente raspados, o que não era habitual numa mulher. Trazia consigo alguns recipientes de lata e um ou outro forrapo. Tudo o que possuía para seus filhos! Eram mendigos. A estação era sua casa.

As crianças, três meninas e um menino — este o mais novo — tinham a mesma vivacidade da mãe. Àquela hora, no coração da noite, sentaram-se todos no passeio da estação, ao lado dos trilhos, juntamente com as outras inúmeras famílias e mendigos solitários que já dormiam ali à volta. É então que tomam sua refeição vespertina: pão seco, certamente sobra de um revendedor que o teria cedido a um preço módico. Mas nem por nada se tratou de uma ceia triste. Falavam, riam e gracejavam! Seria difícil encontrar uma família em reunião tão harmoniosa como aquela.

Terminada a frugal refeição, procederam a todo um ritual executado em meio a uma alegria esfuziante: lavaram-se, beberam e lavaram também seus recipientes de lata. Em seguida, estenderam cuidadosamente no chão os farrapos para dormirem todos juntos. Havia ainda um pedaço de lençol para se cobrirem.

Foi então que aquele menino fez algo de absolutamente inédito: pôs-se a dançar.

Saltava e ria entre os trilhos, gargalhava e cantava, inteiramente mergulhado numa alegria indescritível.

Uma dança assim, e àquela hora, em miséria tão absoluta!"

Tantas vezes Madre Teresa afirmou que para nós, ocidentais, que morremos de tristeza em meio a nossas riquezas, encafuados em nossas luxuosas cavernas, o pobre é um "profeta". Embora jazendo na miséria em que a nossa astuta economia o exilou, vem ensinar-nos valores que já esquecemos: o amor aos outros, a alegria que provém do saber apreciar as pequeninas coisas, a amizade, a capacidade de poder entusiasmar-se por qualquer coisa.

"Nós o ajudamos a sair da miséria. Mas ele nos oferece algo mais. Ensina-nos uma maneira diferente de viver: servir-se das coisas sem tornar-se prisioneiro delas; acreditar que existem valores bem mais importantes do que o dinheiro — o amor, o calor da família, o sorriso das crianças, a amizade, a alegria..."

A obra de Madre Teresa com os pobres de Calcutá, especialmente com os que estavam morrendo, foi o início de um trabalho com os desfavorecidos pelo mundo afora. De 1929 a 1948, ela ensinou em Bengala, abriu uma escola e quase imediatamente deu início a uma casa para os doentes terminais e uma clínica móvel para os leprosos. Juntaram-se a ela muitas mulheres indianas que adotaram como uniforme um sari de algodão branco, com três faixas azuis. O grupo foi reconhecido como congregação de freiras pelo arcebispo de Calcutá em 1950 e pelo Vaticano em 1965. As Missionárias da Caridade desde então se espalharam por todo o mundo. Embora católicas romanas, sempre tiveram o cuidado de respeitar as crenças das pessoas que tratam. Faz parte de suas regras trabalhar com os mais pobres. Insistem em trabalhar "na rua", e não se encarregam de instituições como orfanatos e hospitais. A fundação de Madre Teresa conta hoje com bem mais de mil religiosas. Desde 1963 existe uma congregação de Irmãos Missionários de Caridade. Madre Teresa recebeu grande número de honrarias e prêmios, entre os quais o Nobel da Paz, em 1979.

(In: *Construtores da Justiça e da Paz*, Terésio Bosco, Editora Salesiana, São Paulo, 1996.)

A ARTE DE VIVER

PITÁGORAS - Filósofo, astrônomo, matemático, nascido em Samos (ilha do mar Egeu). Foi o primeiro a afirmar que a Terra era esférica e o primeiro a descobrir a relação entre o comprimento das cordas musicais e altura do som. Como matemático se especializou na ciência dos números. Existe um teorema que recebeu o seu nome. Fundou uma Escola iniciática que deu origem ao pitogorismo. (582 a.C. - 497 a.C.).

> Não pedes nada nas tuas orações, porque tu não sabes o que te é útil e só Deus conhece as tuas necessidades.

A ARTE DE VIVER

Como atingir a sabedoria universal?

Dr. Walter Doyle Staples

A chave para estimular o pensamento criativo é aprender a deixar que sua mente se solte, permitindo que idéias e conceitos criativos borbulhem até o nível consciente. Esta é uma tarefa relativamente fácil e a técnica pode ser desenvolvida através da prática regular e usada para fins específicos.

Um importante fator inibidor é que nosso sistema escolar — na verdade, nossa cultura ocidental — permitiu que o pensamento consciente dominasse a maior parte das nossas atividades mentais. O pensamento é orientado para linguagem, lógico e metódico. Deixamos que ele ocupe a maior parte das horas que passamos despertos, enchendo nosso espaço mental para nos conduzir através de cada dia de trabalho.

Existem métodos comprovados para se explorar o reservatório interno da mente; todos exigem que se entre naquele que é conhecido como estado alfa de onda cerebral. A técnica envolve a redução da sua atividade cerebral consciente a um nível muito baixo de vigília e consciência. Como o pensamento subconsciente possui uma gama de freqüência mais ampla, nas quais mantém seu funcionamento normal, ele continua a operar quando a atividade de pensamento consciente foi aquietada e posta para dormir. Esse baixo nível de vigília do estado alfa permite que a criatividade do subconsciente flutue livremente, como um sonho, até o nível consciente. Pode-se usar técnicas de relaxamento, envolvendo formação e imagens e meditação, para provocar este efeito incrível.

Benjamin Franklin desenvolveu seu próprio método particular para aquietar seus hemisférios cerebrais. Para atingir um estado mental criativo, ele sentava-se em sua poltrona favorita e relaxava até o ponto de sonolência. Durante todo esse tempo ele ficava segurando uma esfera de metal ou uma pequena pedra em sua mão, para garantir que não iria largá-la e adormecer. Dessa maneira, ele descobriu que existe uma outra realidade, além da estrutura intrínseca de realidade de cada pessoa, e que ela fica no subconsciente. Ele aprendeu a explorar aquela que é chamada de sabedoria universal e aplicou-a nas muitas buscas literárias e científicas que o preocuparam no curso da sua longa vida.

(In: *Pense como um Vencedor*, Dr. Walter Doyle Staples, Editora Pioneira, São Paulo, 1994.)

A ARTE DE VIVER

JOSÉ DA SILVA MARTINS - Escritor e empresário, nascido em Braga (Vila Verde) Portugal. Por vários anos foi presidente de importante indústria francesa, no Brasil. Está no *Guiness Book*, o livro dos recordes, como o escritor brasileiro mais idoso a publicar seu primeiro livro (*Sabedoria e Felicidade*) aos 84 anos de idade. É pai de 4 filhos, internacionalmente conhecidos. Está reescrevenlo o texto definitivo do seu primeiro livro *Sabedoria e Felicidade*. (1898 -).

"
Que o teu trabalho braçal ou mental seja perfeito como se fora uma oração.
"

A ARTE DE VIVER

Um método simples de oração

Norman Vincent Peale

Um homem abriu um pequeno negócio na cidade de Nova Iorque uns anos atrás. Esse seu primeiro estabelecimento era, como ele mesmo o caracterizou, "um buraquinho na parede". Tinha apenas um empregado. Anos depois passaram para uma sala maior e, em seguida, para instalações mais amplas. O negócio coroou-se de êxito.

O método de negócio desse homem, conforme ele o descreveu, consiste em "encher o buraquinho, na parede, de orações e pensamentos otimistas". Declarou que o trabalho persistente, pensamentos positivos, operações lícitas, bom tratamento aos fregueses e modo apropriado de se fazer orações dão sempre resultado. Esse negociante, que tinha um espírito inventivo e extraordinário, elaborou sua própria fórmula, muito simples. para solver seus problemas e vencer suas dificuldades por meio da força da oração. É uma fórmula curiosa, mas a tenho praticado e pessoalmente, sei que surte efeito. Sugeria a muitas pessoas que também acharam o seu uso de real valor. Recomendo-a a você.

Eis a fórmula: (1) Oração, (2) Imaginação, e (3) Realização.

Por "oração", meu amigo se referia a um sistema diário de orações criadoras. Quando surgia um problema, ele o analisava com Deus, fazendo suas orações de maneira simples e direta. Além disso, não conversava com Deus concebendo-o como uma sombra imensa e remota: concebia Deus como estando a seu lado, no escritório, em casa, na rua, no automóvel, sempre perto, como um sócio, como um companheiro muito íntimo. Levava a sério a injunção da Bíblia: "reze sem cessar". Interpretava-a como significando que devia debater com Deus, de maneira natural e normal, as questões que tinham de ser resolvidas e tratadas. A Divindade passou finalmente a dominar-lhe o subconsciente. "Orava" todos os dias. E o fazia quando passeava ou andava de carro ou quando exercia outras atividades cotidianas. Vivia sempre orando. Não se ajoelhava sempre para oferecer suas orações, mas costumava, por exemplo, perguntar a Deus como a um companheiro muito íntimo! "Que devo fazer sobre isso, Senhor?", ou "Lançai uma nova luz sobre este ponto, Senhor". Seu espírito estava embebido de orações e ele as aplicava em suas atividades.

O segundo ponto de uma fórmula de oração criadora é a imaginação. O fator básico na física é a força. O fator básico na psicologia é o desejo realizável. O homem que pressupõe o êxito tende a possuí-lo. As pessoas que pressupõem o fracasso acabam fracassando. Quando se imagina o fracasso ou êxito, um ou outro tende a tornar-se realidade em termos equivalentes ao que se imaginou.

Para assegurar que algo de valor aconteça, faça

suas orações e experimente se aquilo que deseja está de acordo com a vontade de Deus; imagine depois firmemente que o seu desejo vai materializar-se. Continue a submeter à vontade de Deus o desejo que idealizou — isto é, coloque a questão nas mãos de Deus — e siga a orientação do Todo-Poderoso. trabalhe árdua e inteligentemente, contribuindo assim com sua parte para a obtenção do êxito. Pratique a crença e continue a sustentar firmemente no pensamento o que imaginou. Faça-o e ficará surpreso com os caminhos estranhos pelos quais se materializará o seu desejo. É a "realização" daquilo que imaginou. Aquilo por que você orou e que imaginou se "realiza" de conformidade com o padrão de seu desejo quando subordinado ao auxílio de Deus e se, além disso, você se entregar inteiramente à sua realização.

Pratiquei pessoalmente esse método e o acho extraordinariamente eficaz. Foi sugerido a outras pessoas que, igualmente, informaram ter conseguido adquirir grande soma de energia criadora.

(In: *O Poder do Pensamento Positivo*, Norman Vincent Peale, Editora Cultrix, São Paulo, 1994.)

A ARTE DE VIVER

CHICO XAVIER - Escritor paranormal brasileiro, seguidor e divulgador dos ensinamentos kardecistas. Nasceu numa pequena cidade do interior de Minas Gerais. É autor de aproximadamente 400 obras psicografadas em mais de 60 anos de trabalho rnediúnico. Expressando-se nos dois mundos — o material e o espiritual — tem levado paz e cura para muitas pessoas angustiadas e doentes. Chico Xavier é considerado um fenômeno espírita. (1910 -   ).

> **A oração produz vibrações e pensamentos reconstrutivos, alcançando o ambiente vivo dos cérebros e dos corações.**

A oração e o Quinto Evangelho

A mensagem do Cristo Segundo Tomé

Disseram-lhe os discípulos: Vinde, vamos hoje orar e jejuar. Respondeu Jesus: Que falta cometi eu, em que ponto sucumbi? Mas, quando o esposo sair do seu tálamo nupcial, então oraremos e jejuaremos.

Por entre as linhas destas palavras adivinha o clarividente a grande e quase ignota verdade do sofrimento crédito. Evidentemente os que fazem o convite para oração e jejum só conhecem sofrimento débito. Pela oração e pelo jejum querem eles pagar o *karma* dos seus pecados. E convidam o "homem sem pecado" a se associar a essa expiação.

Jesus, porém, lhes faz ver que ele não necessita de pagar débitos. E, apesar disto, sabemos que ele orava muito e jejuou 40 dias e noites consecutivos. Por quê?

Evidentemente, não para pagar débitos, nem próprios nem alheios, tanto assim que a Epístola aos Hebreus afirma, explicitamente, que Jesus sofreu como nós, embora fosse sem pecados. As nossas teologias inventaram que Jesus sofreu para pagar os débitos dos nossos pecados, quer dizer que sofreu para pagar débitos alheios. Ele mesmo, porém, nada sabe de um sofrimento punitivo; só conhece sofrimento evolutivo. Aos discípulos de Emaús diz Jesus que ele devia sofrer tudo aquilo "para entrar em sua glória", isto é, para seu aperfeiçoamento, para sua realização crística.

No texto presente, afirma ele o mesmo: Ele vai orar e jejuar quando vier o Esposo, quando ele tiver anseios de maior cristificação e entrar numa glória ainda maior do que aquela em que já estava.

A idéia da evolvibilidade e evolução de Jesus sob os auspícios do Cristo vai através de todos os livros sacros, embora seja quase totalmente desconhecida nas teologias eclesiásticas. A vida eterna não é uma meta final, mas sim uma jornada em perpétua evolução. Aliás, nenhum finito pode coincidir com o Infinito; por mais que dele se aproxime, está sempre a uma distancia infinita. A vida eterna é antes um dinâmico devir do que um estático ser.

(In: *O Quinto Evangelho — A Mensagem do Cristo Segundo Tomé*, tradução de Huberto Rohden, Editora Martir Claret, São Paulo, 1990.)

> A fé e os conhecimentos espirituais é que nos dão vida, saúde e compreensão.

R. Stanganelli

A ARTE DE VIVER

BUDA (Siddhartha Gautama) - Líder espiritual do Oriente, nascido em Kapilavastu, no sopé do Himalaia, em território do atual Nepal. Filho do rei Suddhodana (reino dos Sakyas), despojou-se de sua fortuna para se dedicar a ensinar a Verdade. É considerado o fundador do Budismo. Não deixou nada escrito. (556 a.C. - 476 a.C.).

"

Não há conhecimento para aquele que não medita; não há meditação para aquele que não busca o conhecimento.

"

A ARTE DE VIVER

São Francisco de Assis
O santo da humildade

Enciclopédia Abril

Como a maioria dos ricos da época, Francisco Bernardone — nascido em 1182 em Assis, Itália — queria ser cavaleiro, título que valia como sinônimo de bravura e cortesia. Para atingir esse objetivo, fêz-se escudeiro de um nobre e partiu para a luta contra seus rivais, em Perúsia.

Mas, segundo a tradição, um evento importante interrompeu seus planos. Um dia, ao voltar para casa, encontrou um homem quase nu e deu-lhe sua túnica. Era o comportamento que se esperava de um aspirante a cavaleiro, e ele o levou às últimas conseqüências: em apenas um dia de viagem desfez-se de todas as suas roupas, sapatos e moedas, pois a cada encruzilhada encontrava um mendigo ou uma criança necessitada. Era difícil reconhecer, no homem que chegou em casa quase nu, o elegante Francisco que desprezara a profissão do pai (rico comerciante de tecidos em Assis), para gozar a vida. Só pensava na loja do pai quando precisava de tecidos para, com suas roupas, deslumbrar a sociedade local. Além disso, fora excelente dançarino (quando não estava bêbado a ponto de não poder ficar em pé).

A experiência pela qual passou durante a viagem teria encaminhado sua vida ao misticismo. Diz-se que, na mesma ocasião, Francisco ouviu uma voz do céu: devia retornar imediatamente para casa e orar na Igreja de São Damião. Ali, Deus lhe daria sua palavra. Francisco passou a rezar todos os dias na capela, até sentir que Jesus lhe dizia: "Vá Francisco, e restaure minha casa".

Aos 25 anos, o jovem vendeu seus bens e lançou-se ao que acreditava ser a tarefa pedida pelo Cristo: tornou-se pedreiro para restaurar a capela. Tinha apenas uma túnica, presente do bispo de Assis, e, para sobreviver, chegou a mendigar.

Terminado o trabalho, foi para a Igreja de Nossa Senhora da Porciúncula. Ali dedicou-se à leitura do Evangelho e descobriu que a vida de Jesus era bastante diferente da dos prelados de sua época. Só então compreendeu o sentido da mensagem que teria recebido: para consertar a casa de Deus era preciso restaurar a Igreja como instituição. Ela estava distante das verdades pregadas por Cristo. Imperava o nicolaísmo — os padres tinham mulheres e filhos; dedicavam-se ao luxo e à simonia (comércio de objetos sagrados e indulgências).

Para alcançar essa finalidade, bem mais difícil do que consertar a Igreja de São Damião, Francisco seguiu o que lhe ditou a consciência: viver de forma simples e humilde. Começou também a ensinar os fiéis a viver como Cristo, despojados das coisas materiais e voltados para o espírito. A fama de Francisco espalhou-se e várias pessoas juntaram-se a ele. Entre elas, Bernardo Quintavolo, rico burguês de Assis, que entregou sua fortuna aos pobres e pediu para acompanhá-lo em suas peregrinações. Após algum tempo já eram doze, dispostos a fazer voto de pobreza e a fundar uma nova ordem religiosa.

Naquela época de heresias que ameaçavam fragmentar a Igreja e, portanto, diminuir seu poder, o Papa Inocêncio III não autorizou a criação da ordem. Mas, pressionado pelo bispo de Assis, aprovou-a em 1209.

Fundada a Ordem dos Irmãos Mendicantes — os franciscanos recusaram-se até a ter igreja —, os religiosos retiraram-se para uma cabana, onde viviam em extrema pobreza.

Algum tempo depois, Clara Offeducci (1194-1254), uma jovem de Assis (posteriormente canonizada), obteve de Francisco permissão para instalar-se em São Damião. Logo outras jovens juntaram-se a ela, e o Papa concedeu autorização especial para ser aberto ali um convento.

A luta pela pobreza

No Concílio de Latrão (1215) a Ordem dos Irmãos Menores de Assis, que já possuía mais de 5 mil membros, foi solenemente reconhecida pela Igreja. Pressionado pelo papado, Francisco consentiu em repartir seus discípulos em grupos de dois. Cada um desses grupos deveria sair pelo mundo para converter os infiéis. (Muitos dos religiosos morreram prisioneiros, nessas peregrinações.)

Em 1219, o próprio Francisco partiu para a Terra Santa, mas sem unir-se a cruzada alguma. Acreditava poder atingir os muçulmanos apenas com suas mensagens de paz e amor. Percorreu, desarmado, o campo de batalha para cuidar dos feridos (cristãos ou árabes). Aprisionado pelos muçulmanos, conta-se que, para demonstrar a superioridade da fé cristã, teria caminhado sobre o fogo desafiando um muçulmano a fazer o mesmo, e conseguiu com isso ser liberto pelo sultão.

Mas quando voltou para a Itália em 1220, muita coisa havia mudado em sua ordem. O Cardeal Ugolino que havia sido nomeado "protetor" da ordem pelo papa, inspirara uma nova regra a alguns discípulos de Francisco, afastando-os radicalmente dos preceitos do religioso de Assis. Ugolino achava que a Ordem devia adquirir bens — sobretudo terras — para tornar-se mais poderosa. Quando Inocêncio III morreu e Honório III (?-1227) assumiu o trono papal, Francisco acreditou que podia fazer prevalecer suas idéias de obediência, castidade e, principalmente, pobreza total. Os irmãos não deviam receber dinheiro, casas ou terras. Somente a miséria poderia ser compartilhada.

O texto de Francisco foi apresentado e recusado pelo papa. As "regras" só foram aprovadas numa versão retocada e abrandada por Ugolino (em 1223).

Após essas lutas diplomáticas, decepcionado e doente dos olhos, Francisco moderou suas atividades. Em 1224, renunciou a direção da Ordem e partiu para a floresta em companhia de seus discípulos mais chegados. Na última fase de sua vida, procurou um contato íntimo com a natureza: diz-se que os animais se alegravam com ele e os pássaros pousavam em seus ombros.

Mas a moléstia dos olhos progrediu, e Francisco pediu aos que o seguiam para conduzi-lo a Assis, pois queria morrer na cidade onde nascera. Nessa época, a fama de sua santidade já era bastante grande: os fiéis correram em massa a seu encontro.

Lúcido, Francisco chamou seus irmãos mais próximos e ditou várias cartas, uma delas à Clara. Em todas despedia-se e marcava um encontro na eternidade. Coerente com sua doutrina, que pregava um despojamento total, pediu aos seus irmãos que o deitassem no chão, completamente nu, e o cobrissem de cinzas. No dia 3 ou 4 de outubro de 1226, Francisco murmurou: "Senhor, libertai minha alma da prisão, para que eu possa bendizer Seu nome". Morreu em seguida. Foi canonizado em 1228, pelo Papa Gregório IX (1145-1241).

O santo poeta

Cartas, poemas e orações compõem a produção literária de Francisco de Assis. A beleza de sua linguagem evidencia-se sobretudo no poema Cântico ao Sol (1224) —considerado a primeira obra poética da língua italiana — e na Oração de São Francisco. Esta ultima chegou aos dias atuais como um dos seus mais inspirados escritos. A Oração tem extraordinária divulgação entre os católicos, servindo como importante veículo de propaganda da fé religiosa.

(In: *Enciclopédia Abril*, Vol. V, Editora Abril, São Paulo, 1973.)

A ARTE DE VIVER

JESUS DE NAZARÉ (O Cristo) - Fundador da religião cristã e marco cultural da civilização moderna. Nasceu na aldeia de Nazaré no ano 5 ou 7 de nossa era. Não deixou nada escrito. Sua vida é contada pelos evangelistas e constitui a essência do *Novo Testamento*. Ensinava por parábolas e aforismos. Acusado de traição contra o império romano e religiosos da época foi condenado e morreu crucificado aproximadamente entre 30 a 34 d.C. É considerado pelo cristianismo como o maior personagem da história da Humanidade. (5/7 a.C. - 34/37 d.C.).

> Pedi e vos será dado; buscais e achareis; batei e vos será aberto. Pois todo o que pede, recebe; o que busca, acha; e ao que bate, se abrirá.

A ARTE DE VIVER

Programação neurolinguística

Dr. Walter Doyle Staples

Exercício de reformulação nº 1
"O criador de confiança"

Fique em uma sala silenciosa e imagine que está sentindo-se extremamente confiante e totalmente à vontade consigo mesmo e com aquilo que o cerca. Isso deve representar uma experiência máxima, ou "alto" mental, algo que você provavelmente experimentou somente poucas vezes em sua vida. Você pode fazê-lo recordando uma ocasião do passado, na qual sentiu-se dessa maneira, ou simplesmente imaginando como se sentiria se estivesse em um estado assim maravilhoso.

Pense agora como seria sua posição, sua respiração e sua aparência nesse elevado estado de bem-estar. A medida em que você se conscientiza da sua postura — costas retas, ombros firmes e cabeça alta — feche o punho de uma das mãos e bata contra a palma da outra várias vezes e com grande vigor e intensidade, gritando a cada vez "Sim, eu posso!"

com sua voz mais confiante. À medida em que se conscientiza da sua respiração nesse estado de confiança absoluta — lenta, profunda e do abdômen — repita o mesmo gesto e a mesma afirmação. Repita a seqüência à medida em que se conscientiza da sua expressão facial: olhos, mandíbula e dentes posicionados de forma confiante e confortável. Considere, por alguns momentos, toda a sua fisiologia, enquanto continua a experimentar esse estado intensificado de conscientização.

Faça esse exercício dez vezes por dia, durante uma semana. Depois desse tempo, você terá ancorado esse desejável estado mental em sua realidade subconsciente poderá recordá-lo quando quiser, antes ou durante qualquer momento de ansiedade, simplesmente fechando o punho e repetindo a afirmação para si mesmo, mesmo num sussuro. Sempre lembre-se disso como sendo seu sentimento de "pense como um vencedor!". É a sua porta para uma nova realidade e um estimulante futuro.

(In: *Pense como um Vencedor*, Dr. Walter Doyle Staples, Editora Pioneira, São Paulo 1994.)

A ARTE DE VIVER

MASAHARU TANIGUCHI - Filósofo, escritor e professor, nascido em Karasuhara no Japão. Fundador da Filosofia Seicho-no-Ie que se expandiu por todo o mundo. Em 1932 publicou sua obra fundamental: *A Verdade da Vida*. Em 1963, recebeu, nos Estados Unidos, o título de Doutor em Filosofia pelo Religious Sciences Institute. Em 1980 foi condecorado em São Paulo, com o grau máximo de Grã-Cruz, comenda Ordem do Ipiranga. Escreveu mais de 400 livros. (1893 -1985).

> **A paz espiritual é alcançada pelo sentimento de união com Deus.**

A ARTE DE VIVER

Diretivas para uma meditação eficiente

Huberto Rohden

1. Durante a meditação não se deve "meditar", isto é, pensar, analisar, discorrer mentalmente sobre algum assunto.

2. Meditar corretamente é pôr-se numa atitude de receptividade tal que a Fonte do Uno (Deus) possa fluir livremente para dentro dos canais do Verso (homem).

3. Meditar é medear, servir de intermediário entre a plenitude do Uno e a vacuidade do Verso.

4. A vacuidade dos canais consiste na completa ausência de qualquer atividade de sentimentos, pensamentos e desejos, sobretudo de ódios e rancores.

5. Meditar é ser 0% pensante e 100% consciente.

6. Meditar é deixar de ser ego-pensante para poder ser cosmo-pensado.

7. Pensar é um processo de sucessividade analítica — conscientizar é um estado de simultaneidade intuitiva.

8. Meditar é ser tudo sem fazer nada; é o nadir do ego e o zênite do Eu.

9. Quem medita corretamente esvazia o seu ego de todos os obstáculos e obstruções e liga o seu canal, assim esvaziado, com a plenitude da Fonte.

10. Segundo leis cósmicas, a plenitude do Uno plenifica infalivelmente a vacuidade do Verso — e esta cosmo-plenificação é diretamente proporcional à ego-evacuação.

11. A cosmo-plenitude não pode plenificar a ego-plenitude, porque "Deus resiste aos soberbos (ego-plenos) e dá sua graça aos humildes (ego-vácuos)".

12. Nenhum homem pode ser Fonte, mas todo homem pode e deve ser canal, para que as águas vivas da Fonte fluam através dele.

13. Tanto mais cosmo-pleno ficará o canal quanto maior for a sua ego-vacuidade.

14. Durante a meditação não deve o homem preocupar-se com o modo de pôr em prática as suas experiências espirituais — deve ser totalmente Maria e nada Marta.

15. Basta que seja totalmente plenificado pela plenitude cósmica — e a plenitude transbordará espontaneamente para todos os setores do ego.

16. O "primeiro e maior de todos os mandamentos" é a experiência mística de Deus — a qual se manifestará depois pela vivência ética com todos os homens.

17. A experiência da paternidade única de Deus se revelará na vivência da fraternidade universal dos homens.

18. A experiência do SER se manifestará na vivência do AGIR — porquanto "as obras que eu faço não sou eu (ego) que as faço, mas é o Pai em mim (Eu) que as faz; de mim mesmo (ego) nada posso fazer".

19. Convém fazer a meditação na melhor hora do dia, e, possivelmente, sempre no mesmo lugar e na mesma hora.

20. O simples fato de alguém continuar por meses e anos a sua meditação diária é a melhor prova da sua eficiência, embora não haja resultados visíveis — pode haver um longo período de incubação antes da eclosão.

21. Meditar é "orar sempre e nunca deixar de orar", é "andar na presença de Deus e ser perfeito".

22. A eficiência da meditação se revela numa paulatina e imperceptível mudança de atitude fundamental em face de todas as ocorrências da vida.

23. Meditar é criar o hábito da presença de Deus, ter a consciência permanente de que "eu e o Pai somos um, o Pai está em mim e eu estou no Pai".

24. A verdadeira meditação é uma sintonização cósmica, uma afinação do receptor humano pelo Emissor divino.

25. A meditação dá ao homem segurança e serenidade em todas as circunstâncias da vida, paz e felicidade permanentes, alegria e benevolência para com todas as creaturas de Deus.

26. Meditação e pecado são coisas incompatíveis: o homem ou deixará de pecar — ou deixará de meditar.

27. Quem medita corretamente adquire perfeito auto-conhecimento, que se revela em auto-realização — mística manifestada em ética.

28. Somente o homem que se habituou a ser solitário em Deus pode, sem perigo, ser solidário com todas as creaturas de Deus.

29. O homem habituado com a meditação proclama a soberania da sua substância divina sobre todas as tiranias das circunstâncias humanas.

30. O homem assim auto-realizado, "escolheu a parte boa, que não lhe será tirada".

31. Muitos principiantes se preocupam com o problema de por em prática a sua experiência espiritual, e nada conseguem; não sabem ainda que, quando a visão mística atinge o zênite da nitidez e intensidade, ela transborda irresistivelmente em forma de prática diária.

32. O que, pois, importa é intensificar ao máximo a visão mística, mediante uma sintonização cada vez mais perfeita e prolongada — e a ação prática virá por si mesma, talvez sem que o ego o perceba conscientemente.

33. Essa manifestação da mística em ética nem sempre nos é ego-consciente em forma de atos intermitentes, mas funciona cosmo-conscientemente em forma de uma nova atitude permanente em face de todas as coisas da vida diária, atitude essa que os mestres chamam "orar sempre" ou "andar na presença de Deus".

(In: *Minhas Vivências na Palestina, no Egito e na Índia*, Huberto Rohden, Editora Martin Claret, São Paulo, 1990.)

> Fechando os olhos, oro e sei que sou mortal; mas consolo-me nas verdades espirituais que são eternas.

D. Carnegie

A ARTE DE VIVER

O cântico do Irmão Sol*

São Francisco de Assis

Altíssimo, onipotente, bom Senhor,
Teus são o louvor, a glória, a honra
E toda a bênção.

Só a ti, Altíssimo, são devidos;
E homem algum é digno
De te mencionar.

Louvado sejas, meu Senhor,
Com todas as tuas criaturas,
Especialmente o senhor irmão Sol,
Que clareia o dia
E com sua luz nos alumia.

E ele é belo e radiante
Com grande esplendor:
De ti, Altíssimo, é a imagem.

Louvado sejas, meu Senhor,
Pela irmã Lua e as Estrelas,
Que no céu formaste claras
E preciosas e belas.

Louvado sejas, meu Senhor,
Pelo irmão Vento,
Pelo ar, ou nublado
Ou sereno, e todo o tempo,
Pelo qual às tuas criaturas dás sustento.

Louvado sejas, meu Senhor
Pela irmã Água,
Que é mui útil e humilde
E preciosa e casta.

Louvado sejas, meu Senhor,
Pelo irmão Fogo
Pelo qual iluminas a noite,
E ele é belo e jucundo
E vigoroso e forte.

Louvado sejas, meu Senhor,
Por nossa irmã a mãe Terra,
Que nos sustenta e governa
E produz frutos diversos
E coloridas flores e ervas.

Louvado sejas, meu Senhor,
Pelos que perdoam por teu amor,
E suportam enfermidades e tribulações.

Bem-aventurados os que as sustentam em paz,
Que por ti, Altíssimo, serão coroados.

Louvado sejas, meu Senhor,
Por nossa irmã a Morte corporal,
Da qual homem algum pode escapar.

Ai dos que morrerem em pecado mortal!
Felizes os que ela achar
Conformes à tua santíssima vontade,
Porque a morte segunda não lhes fará mal!

Louvai e bendizei a meu Senhor,
E dai-lhe graças,
E servi-o com grande humildade.

(In: *São Francisco de Assis*, Editora Vozes, Petrópolis, 1988.)

---

* Quase moribundo, compôs São Francisco o Cântico das Criaturas. Até o fim da vida queria ver o mundo inteiro num estado de exaltação e louvor a Deus. No outono de 1225, enfraquecido pelos estigmas e enfermidades, ele se retirou para São Damião. Quase cego, sozinho numa cabana de palha, em estado febril e atormentado pelos ratos, deixou para a humanidade este canto de amor ao Pai de toda a criação. A penúltima estrofe, que exalta o perdão e a paz, foi composta em julho de 1226, no palácio episcopal de Assis, para pôr fim a uma desavença entre o bispo e o prefeito da cidade. Estes poucos versos bastaram para impedir a guerra civil. A última estropfe, que acolhe a morte, foi composta no começo de outubro de 1226. A oração do Santo diante do crucifixo de São Damião e o Cântico do Sol são as únicas obras de São Francisco escritas em italiano antigo e, por isso, são dos mais importantes documentos literários da linguagem popular. Foi nesta língua que ele certamente ditou a maioria de seus escritos, antes que os irmãos versados em letras os traduzissem para a língua comum da época, o latim.

A ARTE DE VIVER

EMERSON (Ralph Valdo) - Ensaísta, conferencista, filósofo e poeta norte-americano, nascido em Boston. Estudou em Harvard. Por algum tempo foi pastor em sua cidade natal. Suas obras versam sobre a filosofia "transcendentalista". Exerceu grande influência sobre a vida intelectual americana do século XIX. Escreveu vários livros, entre eles *Natureza e Ensaios*. (1803-1882).

> Quando nos harmonizamos com Deus, com o ser infinito, fonte de todo o bem, nem a nossa mente, nem o nosso espírito se deterioram.

A ARTE DE VIVER

Aforismos sagrados de Buda

Bukkyo Dendo Kyokay

"*E*le me insultou, zombou de mim, ele me bateu." Assim alguém poderá pensar, e, enquanto nutrir pensamentos desse jaez, sua ira continuará.

- O ódio nunca desaparece, enquanto pensamentos de mágoa forem alimentados na mente. Ele desaparecerá, tão logo esses pensamentos de mágoa forem esquecidos.
- Se o telhado for mal construído ou estiver em mau estado, a chuva entrará na casa; assim, a cobiça facilmente entra na mente, se ela é mal treinada ou está fora de controle.
- A indolência nos conduz pelo breve caminho para a morte e a diligência nos leva pela longa estrada da vida; os tolos são indolentes e os sábios são diligentes.
- Um fabricante de flechas tenta fazê-las retas; assim, um sábio tenta manter correta a sua mente.
- Uma mente perturbada está sempre ativa, saltitando daqui para lá, sendo de difícil controle; mas a mente disciplinada é tranquila; portanto, é bom ter sempre a mente sob controle.
- É a própria mente de um homem que o atrai aos maus caminhos e não os seus inimigos.

• Aquele que protege sua mente da cobiça, ira e da estultícia, desfruta da verdadeira e duradoura paz.

Proferir palavras agradáveis, sem a prática das boas ações, é como uma linda flor sem fragrância.

• A fragrância de uma flor não flutua contra o vento; mas a honra de um bom homem transparece mesmo nas adversidades do mundo.

• Uma noite parece longa para um insonioso e uma jornada parece longa a um exausto viajante; da mesma forma, o tempo de dilusão e sofrimento parece longo a um homem que não conhece o correto ensinamento.

• Numa viagem, um homem deve andar com um companheiro que tenha a mente igual ou superior à sua; é melhor viajar sozinho do que em companhia de um tolo.

• Um amigo insincero e mau é mais temível que um animal selvagem; a fera pode ferir-lhe o corpo, mas o mau amigo lhe ferirá a mente.

• Desde que um homem não controle sua própria mente, como pode ter satisfação em pensar coisas como "Este é meu filho" ou "Este é o meu tesouro", se elas não lhe pertencem? Um tolo sofre com tais pensamentos.

• Ser tolo e reconhecer que o é, vale mais que ser tolo e imaginar que é um sábio.

• Uma colher não pode provar o alimento que carrega. Assim, um tolo não pode entender a sabedoria de um sábio, mesmo que a ele se associe.

• O leite fresco demora em coalhar; assim, os maus atos nem sempre trazem resultados imediatos. Estes atos são como brasas ocultas nas cinzas e que, latentes, continuam a arder até causar grandes labaredas.

• Um homem será tolo se alimentar desejos pelos privilégios, promoção, lucros ou pela honra, pois tais desejos nunca trazem felicidade, pelo contrário, apenas trazem sofrimentos.

• Um bom amigo, que nos aponta os erros e as imperfeições e reprova o mal, deve ser respeitado como se nos tivesse revelado o segredo de um oculto tesouro.

Um homem que se regozija ao receber boa instrução, poderá dormir tranqüilamente, pois terá a mente purificada com estes bons ensinamentos.

• Um carpinteiro procura fazer reta a viga; um fabricante de flechas procura fazê-las bem balanceadas; um construtor de canais de irrigação procura fazê-los de maneira que a água corra suavemente; assim, um sábio procura controlar a mente, de modo que funcione suave e verdadeiramente.

• Um rochedo não é abalado pelo vento; a mente de um sábio não é perturbada pela honra ou pelo abuso.

• Dominar-se a si próprio é uma vitória maior do que vencer a milhares em uma batalha.

• Viver apenas um dia e ouvir um bom ensinamento é melhor do que viver um século, sem conhecer tal ensinamento.

• Àqueles que se respeitam e se amam a si mesmos devem estar sempre alertas, a fim de que não sejam vencidos pelos maus desejos. Pelo menos uma vez na vida, devem despertar a fé, quer durante a juventude, quer na maturidade, quer durante a velhice.

- O mundo está sempre ardendo, ardendo com os fogos da cobiça, da ira e da ignorância. Deve-se fugir de tais perigos o mais depressa possível.
- O mundo é como a espuma de uma fermentação, é como uma teia de aranha, é como a corrução num jarro imundo; deve-se, pois, proteger constantemente a pureza da mente.

Evitar todo o mal, procurar o bem, conservar a mente pura: eis a essência do ensinamento de Buda.

- A tolerância é a mais difícil das disciplinas, mas a vitória final é para aquele que tudo tolera.
- Deve-se remover o rancor quando se está sentindo rancoroso; deve-se afastar a tristeza enquanto se está no meio da tristeza; deve-se remover a cobiça enquanto se está nela infiltrado. Para se viver uma vida pura e altruística, não se deve considerar nada como seu, no meio da abundância.
- Ser de boa saúde é um grande privilégio; estar contente com o que se tem vale mais do que a posse de uma grande riqueza; ser considerado como de confiança é a maior demonstração de afeto; alcançar a Iluminação é a maior felicidade.
- Estaremos libertos do medo, quando alimentarmos o sentimento de desprezo pelo mal, quando nos sentirmos tranqüilos, quando sentirmos prazer em ouvir bons ensinamentos e quando, tendo estes sentimentos, nós os apreciarmos.

(In: *A Doutrina de Buda*, Bukkyo Dendo Kyokay, Fundação para Propagação do Budismo, Tokyo, Japão, 1980)

A ARTE DE VIVER

VICTOR HUGO - Escritor e poeta francês, nascido em Besançon. Admirado por muitos e amigo de reis, segundo a história, somente Goethe alcançou o êxito e a popularidade de Victor Hugo. Aos 60 anos foi eleito membro da Assembléia Nacional e se instalou na cidade de Bordéus. Foi eleito Senador. Aos 80 anos escreveu sua obra: *Os Quatro Ventos*. (1802-1885).

> Há momentos que valem por orações e momentos em que, qualquer que seja a atitude do corpo, a alma está de joelhos.

A ARTE DE VIVER

Sufismo

Jacob Needleman

O maior sistema religioso do Oriente Médio, fundado pelo profeta Maomé sete séculos após Cristo, deixa o Ocidente tão perplexo que muitos de nós nem mesmo temos certeza do seu nome correto. Este é Islam, uma palavra árabe que significa "entregar-se". Seu livro sagrado é o *Alcorão*, revelado por Deus (Allah) através do profeta. Na sua profundidade e inteligência, nas suas regras, conduta, em suas dissertações sobre a condição humana, e nos muitos níveis de profundidade da sua forma, o Alcorão é um oceano tão profundo e vivo quanto nossa Bíblia. Como o Judaísmo e o Cristianismo que por sua vez nasceram no Oriente Médio, o Islam declara a total majestade e realidade de um Deus único, o Deus de Abrahão, Moisés, Jesus e Maomé, o último dos profetas.

O universo, com seus mundos dentro de outros mundos, é uma realidade criada e sustentada pelo Deus único sendo uma expressão da sua misericórdia e sabedoria. Sua mais elevada criação, o homem, é um ser teomórfico contendo em si o poder de Deus e as qualidades que generam a inteira ordem da criação desde o mais elevado até o mais baixo. O homem peca ignorando ou esquecendo sua natureza divina e seguindo o que nele representa os estados mais baixos da ordem cósmica. Pelas complexidades e imperfeições que são parte essencial da natureza do homem na terra, e sobretudo por causa da sua tendência para esquecer sua divindade, a lei Divina foi revelada.

Como a lei Judaica, a Divina lei Islâmica é uma trama de injunções e atitudes que governam toda a vida humana e que funcionam para ligar todos os aspectos da vida do homem com a sua natureza espiritual central. Sem a Lei Divina o homem na multiplicidade das suas ações e impulsos dispersa-se e fragmenta-se.

Para o Islam, tomado em geral, bastam aqui estas poucas considerações gerais. O Sufismo é conhecido como o Islam esotérico, que é de real interesse para nós neste livro. Na verdade, muita coisa dos novos ensinamentos não poderá ser entendida até que as associações usuais do pensamento ocidental em conexão com a palavra "esotérico" sejam esclarecidas.

Para a maioria dos ocidentais, esta palavra desperta os piores aspectos do secreto, obscurantista e mistagógico[1].

Na melhor hipótese, toma-se o termo para aplicá-lo a coisas que são de real interesse somente para uma visão periférica, que não necessitam nem precisam concerner a mais ninguém. No Ocidente curte-se um grande horror por tudo que diz respeito ao secreto em geral, porém, ainda mais no que se refere à religião. A verdade devia ser aberta a todos, pois todos os homens são iguais perante Deus, e todos os homens estão necessitados da verdade.

Ainda mais que horror, nós no Ocidente temos

---

[1] O que se inicia nos mistérios místicos. (N. do T.)

a tendência para sentirmos desprezo ou sarcasmo para com essa fidelidade ao secreto. Tal é a nossa fé na retidão dos nossos interesses pessoais que se não tivermos ouvido falar de alguma coisa, estamos quase certos de que não é importante. Certamente nada que fosse fundamental poderia ser escondido, não hoje em dia, não nesta época e certamente não de mim. E, por fantástico que pareça, os famigerados "segredos" com os quais temos esbarrado acabaram sendo geralmente absurdos. Chegamos ao ponto de considerar aqueles se refestelarem na fidelidade ao secreto como neuroticamente carenciados de alguma coisa que os faça se sentir importantes.

No entanto, nada disto tem muito que ver com o sentido da idéia de esotericismo. Este termo significa "interior" e refere-se àquela parte de qualquer ensinamento espiritual que incorpora de forma concentrada a disciplina, os métodos — psicológicos e físicos —através dos quais o ensinamento em todos seus aspectos metafísicos e morais pode ser totalmente assimilado dentro das vidas de certos indivíduos que desejam esta assimilação. Por religião exotérica pode-se entender a maneira de viver na qual, como já dissemos, as atividades diárias dos homens e da sociedade parecem focalizar a questão da sua relação para com Deus. Pois religião esotérica, ou o caminho, existe apenas para aqueles homens para os quais esta questão tenha se tornado tão intensa e problemática que começa a tomar precedência sobre qualquer satisfação na sua maneira de viver.

Um maometano contemporâneo, estudioso destes fatos, descreveu-o da seguinte maneira:

O Tariqah ou Caminho Espiritual que é normalmente conhecido como Tasawwuf ou Sufismo é a dimensão interior e esotérica do Islam... Sendo o coração da mensagem do Islam está, como o coração físico, escondida para os olhares externos, ainda que por sua vez, como o coração, seja a fonte interior da vida e o centro que coordena a partir de dentro todo o organismo religioso do Islam. Mesmo que o Islam na sua totalidade tenha sido capaz de preservar através de sua história um equilíbrio entre as duas dimensões da Lei e do Caminho, ocasionalmente, têm aparecido aqueles que se excederam em enfatizar um às custas do outro... Eles são os superficiais... quebrariam o equilíbrio entre a dimensão exotérica e a esotérica...

De acordo com o conhecido símbolo Sufi, o Islam é como uma noz cuja casca é como o Shari'ah (a lei divina e o miolo é como Tariqah (o caminho)... Uma noz sem uma casca não poderia crescer no mundo natural e sem um miolo não teria fim nem propósito... Hoje, muitos querem transcender ao mundo das formas sem possuir as formas. Eles querem queimar as escrituras — para usar um termo Budista — sem ter as escrituras. Mas o homem não pode jogar fora aquilo que não possui. Os Sufis que convidavam os homens a jogar fora suas formas externas estavam dirigindo-se a pessoas que já possuíssem essas formas.

Isto coloca-nos o problema idêntico que surge em ligação com a ética budista como pré-condição para o caminho espiritual. Que relacionamento pode ser obtido entre os novos ensinamentos com sua dimensão predominantemente "interna" e uma sociedade que está perdendo seus suportes em todas as formas externas? Formularemos esta pergunta de modo mais rigoroso na conclusão avaliativa no final do livro.

Entrementes fica claro que o caráter secreto que

freqüentemente associa-se ao esotérico não apresenta, contudo, semelhança com a comum idéia Ocidental de segredo. Esta última refere-se ao conhecimento normal (se o for) que é mantido fora do alcance da visão. A primeira idéia refere-se ao conhecimento que não é útil, compreensível ou mesmo visível para aquele que não está no caminho, ou sob a disciplina. Se eu vejo um homem flutuando em águas perigosas e jogo-lhe um salva-vidas, tudo depende dele o perceber — e ainda assim, então, de tal modo pode ele confiar em sua análise da situação que o use apenas para nadar ainda mais longe mar afora. De tal homem diríamos que mesmo que ele faça uso do que lhe é oferecido, não o avalia corretamente, e portanto, faz-lhe mal em vez de bem. Meu primeiro passo teria sido ter certeza de que ele compreendeu sua situação, e até então, eu deveria ter retido o salva-vidas. Tal é o "segredo" do esotérico.

Dito isto, resta acrescentar que, ao contrário da tradição hindu, o Sufismo tende a sintetizar mais do que diferenciar detalhadamente os vários caminhos de autoperfecionamento, tais como os caminhos do amor, da ação e do conhecimento.

O Sufi, assim, acentua a idéia de equilíbrio tanto no universo como no homem aperfeiçoado. Tendo como idéia dominante a concepção de um universo orgânico, de muitos planos, o Sufismo relaciona o equilíbrio entre o todo e a unidade. A revelação de Deus é compreendida como sendo a revelação dessa unidade e do caminho que o indivíduo deve percorrer para experimentar esta unidade como sendo ele mesmo. O homem é, assim, potencialmente, um microcosmos, um "modelo em escala", por assim dizer, da unidade divina. A "inteligência do coração" é aquela faculdade do homem que quando é despertada compreende o lugar e o bem de todas as coisas, isto é, tanto dentro dele quanto dentro do universo de Deus. Assim, o mais alto objetivo do Sufismo é chamado "conhecimento divino" ou gnosis que pode ser entendido como o próprio conhecimento de Deus atuando por intermédio do homem finito.

Para dirigir-se a este plano exaltado, o Sufismo constantemente acentua a necessidade de que homens individuais tomem consciência de sua própria ignorância quando fora da revelação de Deus. Na verdade, o termo "Sufi", falando estritamente, é reservado apenas para aqueles que alcançaram o conhecimento divino. O termo adequado para alguém que trilha o caminho é *faquir*, significando "pobre" no sentido de pobreza espiritual.

Embora o Sufismo termine com a obtenção da unidade divina, a essência prática do caminho e seus instrumentos são a percepção pelos homens de que eles são como nada e que Allah é o único Ser. Se o substrato sufista de vários dos novos ensinamentos tiver alguma utilidade para que os situemos, então deve-se ter em mente este duplo aspecto do Islam esotérico: o homem pode participar da consciência divina apenas à medida em que for consciente de sua própria nulidade. O despertar desta dupla consciência é o propósito específico de uma extraordinária variedade de trabalhos que constituem as formas da disciplina Sufi.

(In: *As Novas Religiões*, Jacob Needlemam, Editora Artenova, Rio de janeiro, 1975.)

> A falsa ciência gera ateus; a verdadeira ciência leva os homens a se curvarem diante da divindade.

Voltaire

A ARTE DE VIVER

Prece

*Rabindranath Tagore**

Esta é a minha prece a Ti, meu Senhor, com raízes em meu coração.

- Dá-me forças para sofrer minhas alegrias e tristezas.
- Dá-me forças para tornar frutífero meu amor em Teu serviço.
- Dá-me a força de me não fugir nunca ao pobre, e de não dobrar os joelhos ante o poder insolente.
- Dá-me força para elevar minha mente acima das pequenezas da vida diária.
- E dá-me forças para sujeitá-la à Tua vontade, com todo amor.
- Não me deixes rogar para pôr-me a salvo dos perigos, mas para encará-los sem temor.
- Não me deixes implorar para que se aliviem minhas penas, mas para que meu coração possa vencê-las.
- Não me deixes aliados no campo de minhas batalhas, mas que possa eu fiar-me em minhas próprias forças.

---

* Poeta hindu (1861-1941)

•Não me deixes que, em ansioso temor, deseje salvar-me, mas que obtenha a paciência para ganhar meu reino.

•Concede-me a graça de que eu não seja covarde, que não só sinta Tua ajuda em minhas vitórias, mas que também possa achar a doce pressão de Tua mão em meus fracassos.

A ARTE DE VIVER

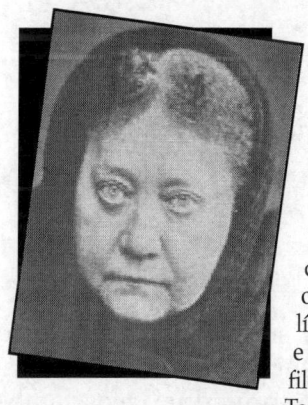

HELENA BLAVATSKY - Mística e líder espiritual. Nasceu em Ekaterinoslaw na Rússia. Desafiou as correntes religiosas ortodoxas e conservadoras do século XIX com uma filosofia mística baseada no autoconhecimento do indivíduo. Viajou por todo o mundo contatando místicos e líderes espirituais do ocultismo e difundindo sua doutrina filosófica. Fundou a Sociedade Teosófica que congrega místicos, filósofos e ocultistas, atualmente com adeptos em todo o mundo. Entre suas obras escritas estão: *A Doutrina Secreta* e *O Véu de Isis*. (1831-1891).

> A oração é uma ação enobrecedora quando é um intenso sentimento, emitido do nosso próprio coração para o bem de outros e isenta de qualquer objetivo egoísta.

A ARTE DE VIVER

MT — Meditação transcendental

Hans Selye

Ao tentar tornar a MT acessível a todos, no mundo inteiro, Maharishi espera não só encorajar o auto-aperfeiçoamento individual, mas também facilitar o uso inteligente do meio-ambiente. Entre os objetivos especificos estão o desenvolvimento do potencial pleno de cada indivíduo, a melhoria das realizações governamentais, a concretização de altos ideais de educação e o encontro de soluções para os problemas da vida familiar, do crime e da violência social. Diante da desconcertante enormidade desta tarefa, a ênfase atual é colocada no preparo de professores, através da Universidade Internacional Maharishi.

A Meditação Transcendental surgiu numa época em que estamos preocupados em correr de um lado para outro e, demasiado freqüentemente, com a certeza de que a nossa é a única religião, filosofia ou tendência política que pode resolver os problemas da humanidade. Contribui particularmente para o sucesso do programa de Maharishi o fato de que a familiaridade com a Meditação Transcendental pode ser adquirida em apenas algumas poucas lições e que duas sessões diárias, de cerca de 15 a 20 minutos cada, bastam para se colherem benefícios, quaisquer que sejam nossa educação ou nossos ideais. Além disso, a MT não perturba, necessariamente, a rotina de pessoas demasiado ocupadas e concentradas em seus objetivos, pois pode ser praticada em qualquer parte, mesmo em ônibus, metrôs e salas de espera. O testemunho mais eloqüente da utilidade desta técnica é o fato de que a MT já está sendo praticada por cerca de meio milhão de norte-americanos.

Como abordagem psicológica para lutar contra os aspectos desagradáveis do estresse da vida, a MT não entra em conflito com meus próprios pontos de vista pessoais. Meu objetivo é um código de ética baseado nas leis biológicas naturais, derivado do estudo de reações de defesa durante o estresse. Como a MT, meu código não depende de quaisquer religião, filosofia ou convicção política existentes, nem as contradiz. Onde a MT usa a pura percepção como meio de garantir os benefícios pretendidos, eu ofereço diretrizes para um comportamento fisiologicamente justificável na busca de felicidade e segurança.

A finalidade desta justaposição não é expor minha própria doutrina, mas deixar claro que as duas abordagens são não apenas compatíveis mas, realmente, complementares. A MT produz um estado de espírito saudável e repousado e estimula a inteligência criadora, enquanto os princípios da "vida com estresse, mas sem infelicidade" fornecem uma estrutura para o emprego, com as melhores vantagens, dos frutos da MT, não só visando evitar os perigosos efeitos colaterais do estresse, mas também engrandecer os proveitos derivados de atividades beneficamente estressantes.

A fim de esclarecer este ponto muito importante, devemos ter em mente que a definição médica de estresse é "a reação não específica (ou seja, estereotipada) do corpo a qualquer exigência a ele feita". Não fica especificado se as exigências e seus resultados são agradáveis ou não. O estresse da ansiedade ou da dor física causa certas reações nervosas e hormonais objetivamente mensuráveis, que são essencialmente idênticas àquelas induzidas pelo estresse agradável da realização, vitória ou satisfação.

Partindo desta perspectiva, sou favorável a que se dê uma nova redação à velha advertência bíblica: "Ama teu próximo como a ti mesmo." Embora a obediência a este preceito vá resultar na melhora das relações interpessoais, ela não oferece nenhuma meta final que possamos considerar como desejável em si. Tampouco é fácil de seguir, do ponto de vista biológico: os peixes grandes precisam devorar os pequenos a fim de sobreviverem. No entanto, pode-se dar nova redação à exortação, sem perda de sua sabedoria profunda, dizendo; "Conquista o amor do teu próximo." Aqui a meta vai além da harmonia interpessoal e o sucesso não depende da obediência cega. Recebemos orientação para transformar o egotismo natural e o instinto de entesourar em comportamento altruístico. Importante é tornar o desejo de ser poderoso e inexpugnável, através do acúmulo de dinheiro ou de autoridade, na vontade de acumular um capital ainda mais positivo e precioso — amor, respeito, gratidão e utilidade para os outros. Este "egoísmo altruísta" elimina os motivos de qualquer comportamento agressivo para com seu praticante, pois quem desejaria destruir alguém que se tornou merecedor de amor e é útil?

Creio que essas observações bastarão para mostrar a compatibilidade dos conceitos da MT com os de um código concebido para alcançar o agradável estresse da satisfação (em linguagem técnica: eustresse) sem as danosas conseqüências do estresse prejudicial (ou seja, a infelicidade). A questão não é abolir o estresse, mas controlá-lo. O estresse é inerente à própria atividade de viver. A finalidade dá MT não é apenas o relaxamento, mas o preparo para atividade criadora eficaz. Nas palavras clássicas do *Bhagavad Gita*: "Não é deixando de agir que o homem liberta-se da ação... pois nem por um momento pode o homem ficar sem agir. Inevitavelmente, são todos compelidos à ação pelas forças originadas na Natureza." Traduzido para a linguagem da minha especialidade: não é evitando o estresse que o homem consegue livrar-se da infelicidade.

Em suma, sinto que a MT irá gozar de sucesso imediato e oferecerá ao público em geral uma explicação altamente eficaz de como a pura consciência e a inteligência criadora, combinadas com os ensinamentos que nos foram ministrados pela ciência médica sobre os efeitos físicos do estresse, podem ajudar a humanidade a enfrentar "a crise da vida moderna", tal como é esboçada no capítulo de abertura deste volume.

Hans Selye, C.C.,
Université de Montréal,
Montreal, Canadá, 1974

(In: *MT Meditação Transcendental*, dr. Harold H. Bloomfield, Editora Nova Fronteira, Rio de Janeiro, 1991.)

A ARTE DE VIVER

HUBERTO ROHDEN - Filósofo, escritor e educador brasileiro. Escreveu cerca de 50 obras sobre Religião, Filosofia e Ciência. Em Princeton conheceu Einstein, quando lançou os fundamentos para o movimento mundial da Filosofia Univérsica. Huberto Rohden foi, durante 5 anos (1945 - 1950), professor de Filosofia Universal e Religiões Comparadas na American University, de Whashington, D.C., USA. É biógrafo de Einstein, Gandhi, Pascal, Jesus de Nazaré, Paulo de Tarso e outras grandes personagens da História. Rohden escreveu cerca de 65 obras. (1893 -1981).

> **O poder da oração não está em quem ora, mas sim no mundo espiritual com o qual ele se põe em contato, através da fé.**

A ARTE DE VIVER

Einstein e a religião

H. Gordon Garbedian

Conceito eisnteiniano da religião

Seu conceito de religião não era acorrentado a credos, a elementos sobrenaturais, ou aos sentimentos dogmáticos de alguns chefes religiosos que se julgavam, a si próprios, emanação direta da divindade. Igrejas, ritos, códigos de lei teológica e outros acessórios comuns à religião quotidiana, pareciam-lhe triviais em confronto com a interpretação mais nobre da religião, decorrente de um sentimento de maravilha ante o estupendo universo em que vivemos, sentimento de êxtase sem o qual, o ser humano era como se fosse morto — simples vela apagada.

"O conhecimento da existência de algo em que não podemos penetrar, nosso contato mais íntimo com uma razão mais profunda e uma beleza mais radiante, que nossos espíritos parece atingirem apenas em suas formas mais elementares — este conhecimento e esta emoção é que constituem a verdadeira atitude religiosa", explicava ele. "Nesse sentido, e exclusivamente nesse, considero-me um homem profundamente religioso.

"Não posso conceber um Deus que recompensa e pune suas criaturas, ou que se deixa levar por desejos do tipo dos que nos arrastam a nós outros. Não posso imaginar um Deus cujos fins e propósitos são modelados segundo nós mesmos — um Deus, em resumo, que não passa de um reflexo da fraqueza humana.

"Que um indivíduo deva sobreviver à sua morte física, está, também, acima de minha compreensão, nem desejaria que acontecesse de maneira diferente: tais noções são úteis aos terrores ou ao egoísmo absurdo das almas fracas. Para mim basta o mistério da eternidade da vida e o esboço da maravilhosa estrutura da realidade; basta o esforço sincero para tentar compreender, humildemente, uma porção, por minúscula que seja, da inteligência manifestada na Natureza."

A religião cósmica

A verdade, explicava ele, era que todas as religiões consistiam numa "mistura de ambos os tipos", com importante diferença que, nos níveis elevados da vida social, a religião da moralidade predominava.

Comum a todas as religiões era o caráter antropomórfico de sua concepção de Deus, e apenas o número relativamente restrito de indivíduos, com dons excepcionais, conseguia ultrapassar esse nível. Aqueles que o conseguiam atingiam a terceira fase de experiência religiosa, que Einstein chamava "religião cósmica". Essa fase raramente se encontrava em sua forma pura, apesar de que algumas de suas experiências eram comuns a todas as religiões e não necessitavam da existência de um Deus feito à imagem do homem. Aqueles que atingiam essa fase adoravam, apenas, a Bondade, a Beleza e a

Verdade. Não acreditavam que a conduta humana fosse motivada pelo temor à punição ou esperança de recompensa.

A religião cósmica exigia solidariedade humana, seguindo o lema do serviço humano: seus fiéis deviam estar prontos a entregar-se inteiramente à luta por um ideal, sem meias-medidas, pródiga e extaticamente, à procura de um grande e nobre fim.

O sentido da religião universal

Alguns chefes religiosos sectários e profissionais desaprovavam as opiniões religiosas de Einstein, enquanto muitos outros viam nelas "uma nobre interpretação da religião moderna e da religião do futuro". Impertérrito ante o louvor ou a censura, Einstein explicava que o sentimento religioso cósmico provinha da contemplação da beleza infinita e da maravilhosa harmonia e ordem reveladas na Natureza; sentimento que era a mais nobre e poderosa força motriz, guiando as vidas dos homens de inteligência superior.

"É muito difícil explicar esse sentimento a alguém que não o possua, nem ao menos em mínima porção", acentuava o professor. "O indivíduo sente a nulidade dos desejos e propósitos humanos, e a sublimidade e o esplendor da ordem que se revela tanto na natureza como no mundo dos pensamentos.

"Encara a existência individual como uma espécie de prisão e deseja sentir o universo como um todo integral e significativo.

"As primeiras manifestações do sentimento religioso cósmico aparecem já nas fases iniciais do desenvolvimento da civilização, como, por exemplo, em muitos dos Salmos de Davi e em alguns dos profetas. O Budismo, de acordo com o que aprendemos nos atraentes trabalhos de Schopenhauer, contém forte dose desse sentimento.

"Os gênios religiosos de todas as épocas se têm distinguido do comum dos mortais por essa espécie de sentimento religioso, que não conhece dogmas nem concebe um Deus à imagem do homem. Por isso não pode haver igrejas cujos ensinamentos centrais se apóiem nesse sentir. Será, portanto, entre os heréticos de todas as épocas que vamos encontrar homens impregnados da mais elevada espécie de sentimentos religiosos, considerados, por seus contemporâneos, ora como ateus, ora como santos. Vistos através desse prisma, homens como Demócrito, S. Francisco de Assis e Spinoza estão muito próximos uns dos outros.

"Como pode o sentimento religioso ser transmitido de uma pessoa a outra, se ele não é responsável pela formação de uma noção definida de Deus, sendo contrário a qualquer teologia? Em minha opinião, despertar esse sentimento e conservá-lo vivo nos que são capazes de senti-lo, constitui uma das mais importantes funções da arte e da ciência."

Religião e ciência

"Chegamos assim", prosseguia Einstein, "a um conceito da relação existente entre a religião e a ciência, mui diverso do usual. Se encararmos o assunto do ponto de vista histórico, somos levados a crer que ciência e religião se contrapõem irreconciliavelmente. A razão é óbvia. O homem que está profundamente convencido da universalidade de ação da lei de causa e efeito não pode, por um momento sequer, admitir a idéia de um ser que interfira no curso dos acontecimentos — desde que ele tome, seriamente, a hipótese da causalidade. Ele não precisa da religião do temor, assim como lhe são inúteis a religião social e a moral. Um Deus que recompensa e pune é-lhe inconcebível pela simples razão de que as ações do homem são determinadas por necessidades externas e internas, não sendo ele, portanto, ante os olhos de Deus, mais responsável por essas ações que o é um objeto inanimado pelos movimentos que sofre. Daí proveio a acusação de que a ciência produz arrasadora imoralidade, acusação nitidamente injusta e sem fundamento.

"O procedimento ético de um homem deveria basear-se efetivamente na simpatia, na educação e nos laços sociais; não há necessidade de uma base religiosa para que esse procedimento social e moralmente seja satisfatório.

"O homem estaria, em verdade, em péssima situação, se apenas o contivessem o medo à punição e a esperança na recompensa, depois da morte.

"É portanto fácil perceber por que as igrejas sempre combateram a ciência e perseguiram seus devotos... Por outro lado, afirmo que o sentimento religioso cósmico é o mais nobre e poderoso incentivo à pesquisa científica. Só os que sabem os esforços ingentes e, acima de tudo, a absoluta dedicação que exige uma obra de pioneiro em ciência teórica, podem avaliar o poder emotivo que emana desse trabalho, por mais distanciado que pareça, das contingências da vida cotidiana."

(In: *A Vida de Einstein - O Criador de Universos*, H. Gordon Garbedian, Editora José Olímpio, 1959.)

A ARTE DE VIVER

MICHEL DE MONTAIGNE - Filósofo e escritor francês, nascido em Bordeaux. Foi membro do Parlamento francês. É considerado, em muitos aspectos de seus temas abordados, como precursor do Iluminismo. Dois estímulos se destacam no pensamento do filósofo: a busca da verdade e a paixão pela liberdade. Entre suas obras destaca-se *Os Ensaios*. (1933 -1992) .

> **A prece é um ato poderoso que põe as forças do céu à disposição do homem.**

A ARTE DE VIVER

O que é OM

Mestre De Rose

OM é o símbolo universal do Yôga, para todo o mundo, todas as épocas e todos os ramos de Yôga. Entretanto, cada escola adota um traçado particular que passa a ser seu emblema. Uns são mais corretos, outros menos; uns mais elegantes, outros nem tanto; e alguns são Iniciáticos, outros, profanos. Isto pode ser percebido por um Iniciado pela simples observação da caligrafia adotada, ou então observando o momento em que o símbolo é desenhado.

Aquele desenho semelhante ao número 30 (ॐ) que aparece em quase todos os livros e entidades de Yôga, é uma sílaba constituída por três letras: A, U e M. Pronuncia-se OM. Um erro comum aos que não conhecem Yôga, é pronunciar as três letras AUM. Traçado em caracteres, é um yantra. Pronunciado, é um mantra. Há inúmeras maneiras de pronunciá-lo para se obter diferentes resultados físicos, energéticos, emocionais e outros.

Os caracteres usados para traçar o Omkára parecem pertencer a um alfabeto ainda mais antigo que o dêvanágarí, utilizado para escrever o idioma sânscrito. Consultando um dicionário ou gramática de sânscrito, podemos notar que o alfabeto dêvanágarí é predominantemente retilíneo e que o próprio OM nessa língua é escrito segundo essa tendência. Entretanto, saindo do domínio da gramática e da ortografia para o da filosofia, só encontramos o OM escrito de maneira diversa, com caracteres exclusivamente curvilíneos, o que demonstra sua identidade totalmente distinta. Isso também pode ser percebido na própria medalha, a qual possui algumas inscrições em sânscrito, em torno do OM.

OM não tem tradução. Contudo, devido à sua antiguidade e amplo espectro de efeitos colhidos por quem o vocaliza de forma certa, ou o visualiza com um traçado correto, os hindus o consideram como o próprio nome do Absoluto, seu "corpo sonoro".

Em todas as escrituras da Índia antiga o OM é considerado como o mais poderoso de todos os mantras. Os outros são considerados aspectos do OM e o OM é a matriz de todos os demais mantras. É denominado mátrika mantra, ou som matricial.

O OM é também o bíja-mantra do ájña chakra, isto é, o som-semente que desenvolve o centro de força situado entre as sobrancelhas, responsável pela meditação, intuição, inteligência, premonição e hiperestesia. Por isso, é o mantra que produz melhores resultados para as práticas de dhyána e samyama, bem como um bom número de siddhis.

Sendo o mantra mais completo e equilibrado, sua vocalização não apresenta nenhum perigo nem contra-indicação. É estimulante e ao mesmo tempo aquietante, pois consiste numa vibração sáttwica, que contém em si tamás e rajás sublimados.

Quando traçado em caracteres antigos, ele se torna um símbolo gráfico denominado yantra. A especialidade que estuda a ciência de traçar os símbolos denomina-se Yantra Yôga. O OM pode ser traçado de diversas formas. Cada maneira de grafá-lo encerra determinada classe de efeitos e de características ou tendências filosóficas.

Cada Escola adota um desenho típico do OM que tenha a ver com os seus objetivos, o qual passa a constituir símbolo seu. Por essa razão, não se deve utilizar o traçado adotado por uma outra Escola: por uma questão de ética e também para evitar choque de egrégoras.

Se você pratica Swásthya Yôga e identificou-se com o que exponho neste livro, sem dúvida você é dos nossos. Isso o autoriza a utilizar o nosso traçado do OM para concentrar-se e meditar, bem como a portar nossa medalha. Só não pode usar o OM antes da assinatura, como fazem os graduados e instrutores, enquanto não aprender a forma correta de traçar e enquanto não obtiver autorização do seu Mestre para incorporá-lo dessa maneira ao seu nome.

Não podemos negar que o OM seja um símbolo muito poderoso. Ele é forte pelo seu traçado yantrico em si, pela sua antiguidade, seus milhares de anos de impregnação no inconsciente coletivo, pelos bilhões de hindus que o usaram e veneraram, geração após geração, durante dezenas de séculos, desde muito antes de Cristo, antes de Buddha, antes da civilização européia existir e, durante esse tempo todo, toda essa gente fortaleceu a egrégora do OM!

Evidentemente, portando um tal símbolo, estabelecemos sintonia com uma corrente de força, poder e energia que é uma das maiores, mais antigas e mais poderosas da Terra. Por isso, muita gente associa o uso da medalha com a idéia de proteção. Embora sejamos obrigados a reconhecer certa classe de benefícios dessa ordem, achamos que tal não deve ser a justificativa para portar a medalha, pois, agindo assim, ficamos susceptíveis de descambar para o misticismo, contra o qual a nossa linhagem de Yôga (Niríshwarasámkhya) é taxativa. Deve-se usá-la de forma descontraída e se nos dá prazer; se estamos identificados com o que ela significa e com a linhagem que representa. Não por superstição nem para auferir benefícios.

(In: *Yôga Sútra de Pátañjali*, Mestre De Rose, Editora Martin Claret, São Paulo, 1996.)

A ARTE DE VIVER

LEONARDO DA VINCI - Pintor, escultor, inventor e engenheiro, nascido em Vinci, na Itália. Um dos grandes expoentes das artes renascentistas. Entre suas obras artístIcas esta a *Gioconda* (*Mona Lisa*), a mulher do sorriso indefinível. Está na galeria dos grandes gênios de todos os tempos. (1452-1519).

"

> Estudar as manifestações da natureza é trabalho que agrada a Deus. É o mesmo que orar.

"

A ARTE DE VIVER

O Deus interno: a mais velha heresia

Marilyn Ferguson

Na tradição espiritual emergente, Deus não é o personagem do catecismo, porém, de modo mais aproximado a dimensão descrita por William James:

> Os limites mais avançados de nosso ser mergulham, ao que me parece, em uma outra dimensão de existência completamente diferente do mundo sensível e meramente "compreensível"... Nós pertencemos a ele em um sentido mais íntimo do que aquele em que pertencemos ao mundo visível, pois pertencemos, no sentido mais íntimo, ao que quer que pertençam nossos ideais...
> Darei a essa parte mais elevada do Universo o nome de Deus.

Deus é experiência, é fluxo, integralidade, o infinito caleidoscópio da vida e da morte, a Causa Suprema, a terra do ser a que Alan Watts chamou de "o silêncio do qual emanam todos os sons". Deus é a consciência que se manifesta como *lila*, a ação do Universo. Deus é a matriz organizada que podemos experimentar mas não descrever, que dá vida à matéria

No conto de J. D. Salinger, "Teddy", um jovem espiritualmente precoce lembra sua experiência com o Deus imanente enquanto olhava sua irmãzinha tomar seu leite. "...De repente percebi que ela era Deus e o leite era Deus. Isto é, tudo o que ela estava fazendo era despejar Deus dentro de Deus..."

Uma vez que se tenha chegado à essência da experiência religiosa, perguntou Meister Eckhart, para que se terá necessidade da forma? "Ninguém pode conhecer Deus antes que se tenha conhecido a si mesmo", disse Eckhart a seus seguidores medievais. "Vá até as profundezas do espírito, o lugar secreto... às raízes, às alturas; tudo o que Deus pode fazer se encontra ali concentrado."

O teólogo inglês John Robinson escreve sobre um "universo envolto em seda, espírito e matéria, por dentro e por fora, divino e humano, tremeluzente como os aspectos de uma realidade que não pode ser esperada ou dividida". Para Alfred North Whitehead, cuja influência cresceu como a maré cheia nos anos recentes, Deus é "a imagem ao espelho do arcabouço do mundo [material]. O mundo é incompleto; por sua própria natureza, ele necessita de uma essência na base de todas as coisas, a fim de completá-lo. Essa essência é Deus, a natureza primordial."

Buckminster Fuller procurou capturar a noção de Deus como um processo:

> Pois Deus, para mim, parece
> é um verbo
> não um substantivo,
> próprio ou impróprio;
> é a articulação,
> não a arte...

é amor,
não a abstração do amor...

Sim, Deus é um verbo,
o mais ativo, significando a vasta reordenação harmônica do Universo
de um desencadeado caos de energia.

Não precisamos postular um objetivo para essa Suprema Causa, nem imaginar quem ou o que provocou o que quer que seja que a Grande Explosão lançou no Universo visível. Há apenas a experiência. Para Kazantzakis, Deus era o todo supremo da consciência no Universo, expandindo-se através da evolução humana. Na experiência mística, há a presença sensível de um amor abrangente, de compaixão, de poder. Indivíduos que reviveram depois de mortes clínicas por vezes descrevem passagens através de um túnel escuro até uma luz extraterrena que parece emitir amor e compreensão. É como se a própria luz fosse uma manifestação da mente universal.

As experiências místicas quase sempre levam as pessoas a acreditar que alguns aspectos da consciência são imperecíveis. Em uma metáfora budista, a consciência do indivíduo é como uma chama que queima na noite. Não é a mesma chama todo o tempo, mas também não é uma outra chama.

(In: *A Conspiração Aquariana*, Merilyn Ferguson, Editora Record, Rio de Janeiro, 1985.)

A ARTE DE VIVER

HELEN KELLER - Escritora e conferencista. Nasceu em Tuscúmbia, Alabama. Desde tenra idade ficou triplamente deficiente (cega, surda e muda). Com uma fé inabalável venceu todos os obstáculos, tornando-se um dos maiores exemplos para a humanidade, Está entre as personalidades mais destacadas deste século. Viajou por vários países do mundo fazendo conferências e visitando entidades, institutos de deficientes físicos para os quais levava incentivo e orientação. (1880 -1968).

> Eu posso construir o meu mundo melhor, porque sou filha de Deus e herdeira de uma parcela da Mente criadora do Universo.

A ARTE DE VIVER

Jesus e a Oração

João, o evangelista

A oração em segredo

quando orardes, não sejais como os hipócritas, porque eles gostam de fazer oração pondo-se em pé nas sinagogas e nas esquinas, a fim de serem vistos pelos homens. Em verdade vos digo: já receberam a sua recompensa. Mas tu, quando orares, entra no teu quarto e, fechando a porta, ora ao teu Pai ocultamente; e o teu Pai, que vê o que está oculto, te recompensará.

A oração do discípulo

Nas vossas orações não useis de vãs repetições, como fazem os gentios, porque entendem que é pelo palavreado excessivo que serão ouvidos. Não sejais como eles, porque o vosso Pai sabe do que tendes necessidade antes de lho pedirdes. Portanto, orai vós desta maneira:

Pai nosso que estás nos céus,
santificado seja o teu Nome,
venha o teu Reino,
seja realizada a tua Vontade

na terra, como é realizada nos Céus.
O pão nosso de cada dia dá-nos hoje.
E perdoa-nos as nossas dívidas como também
nós perdoamos aos nossos devedores.
E não nos exponhas à tentação, mas livra-nos
do Maligno.

Pois, se perdoardes aos homens os seus delitos, também o vosso Pai celeste vos perdoará; mas, se não perdoardes aos homens, o vosso Pai também não perdoará os vossos delitos.

A oração de Jesus

Assim falou Jesus e, erguendo os olhos ao céu, disse:

"Pai, chegou a hora:
glorifica teu Filho,
para que teu Filho te glorifique,
e que pelo poder que lhe deste sobre toda carne,
ele dê a vida eterna a todos os que lhe deste!
Ora, a vida eterna é esta:
que eles te conheçam
a ti, o Deus único e verdadeiro
e aquele que enviaste, Jesus Cristo.
Eu te glorifiquei na terra
concluí a obra que me encarregaste de realizar.
E agora, glorifica-me, Pai, junto de ti
com a glória que eu tinha contigo
antes que o mundo existisse.
Manifestei o teu nome aos homens
que do mundo me deste.
Eram teus e mos deste

e eles guardaram a tua palavra.
Agora reconheceram
que tudo quanto me deste vem de ti,
porque as palavras que me deste eu lhas dei,
e eles as acolheram
e reconheceram verdadeiramente que saí de ti
e creram que me enviaste.
Por eles eu rogo;
não rogo pelo mundo,
mas pelos que me deste, porque são teus
e tudo o que é meu é teu
e tudo o que é teu é meu,
e neles sou glorificado.
Já não estou no mundo;
mas eles permanecem no mundo
e eu volto a ti.
Pai santo, guarda-os em teu nome
— este nome que me deste!
para que sejam um como nós.
Quando eu estava com eles,
eu os guardava em teu nome, que me deste;
guardei-os e nenhum deles se perdeu
exceto o filho da perdição
para cumprir-se a Escritura.
Agora porém, vou para junto de ti
e digo isto no mundo,
a fim de que tenham em si minha plena alegria.
Eu lhes dei a tua palavra,
mas o mundo os odiou,
porque não são do mundo
como eu não sou do mundo.
Não peço que os tires do mundo,
mas que os guardes do Maligno.
Eles não são do mundo

como eu não sou do mundo.
Consagra-os na verdade;
a tua palavra é verdade.
Como tu me enviaste ao mundo,
também eu os enviei ao mundo.
E, por eles, a mim mesmo me consagro
para que sejam consagrados na verdade.
Não rogo somente por eles, mas pelos que,
por meio de sua palavra, crerão em mim:
a fim de que todos sejam um,
como tu, Pai, estás em mim e eu em ti;
que eles estejam em nós,
para que o mundo creia que tu me enviaste.
Eu lhes dei a glória que me deste
para que sejam um, como nós somos um:
Eu neles e tu em mim,
para que sejam perfeitos na unidade
e para que o mundo reconheça que me enviaste
e os amaste como tu me amaste.
Pai, aqueles que me deste
quero que, onde eu estou,
também eles estejam comigo,
para que vejam a minha glória
glória que me deste porque me amaste
antes da criação do mundo.
Pai justo o mundo não te conheceu,
mas eu te conheci
e estes também conheceram que me enviaste.
Eu lhes dei a conhecer o teu nome
e lhes darei a conhecer ainda mais
a fim de que o amor com que me amaste
esteja neles e eu neles. "

(In: *A Bíblia de Jerusalem* - N. T., Ed.Paulinas, São Paulo, 1981.)

A ARTE DE VIVER

MARTIN CLARET - Empresário, editor e jornalista. Nasceu na cidade de Ijuí, RS. Presta consultoria a entidades culturais e ecológicas. Na indústria do livro inovou, criando o conceito do livro-clipping. É herdeiro universal da obra literária do filósofo e educador Huberto Rohden. Está escrevendo o livro *O Infinito Jogo da Vida — Novas Psicotecnologias para Atualização do Potencial Humano*. (1928 -).

A verdadeira oração é um ato de convergência para o centro de si mesmo. É a experiência de infinitizar a própria individualidade.

A ARTE DE VIVER

Pietro Perugino
(1450-1523)

Além da qualidade de sua obra, a fama de Perugino se deve ao fato de ter sido o mestre de Rafael. Sua influência sobre o discípulo genial foi tamanha que por muito tempo se discutiu se o *Sposalizio* de Perugino não seria uma primeira versão da obra homônima de Rafael.

Pietro di Cristoforo Vannucci, nasceu em Città della Pieve, perto de Perugia, Itália, por volta de 1450. Por ter possuído uma oficina em Perugia ficou conhecido por Pietro Perugino. Desconhecem-se os pormenores da sua fase de aprendizagem, mas crê-se que teve Verrocchio como mestre e que colaborou com Pinturricchio na execução de uns painéis da *Vida de São Bernardino*, em Perugia. Supõe-se, também, que tenha sido discípulo de Fiorenzo di Lorenzo, em Perugia, e de Piero della Francesca, em Arezzo.

Em Florença, onde se registrou pela primeira vez sua presença em 1472, quase certamente trabalhou no ateliê de Verrochio, onde Leonardo da Vinci era aprendiz. O primeiro trabalho indiscutivelmente feito por ele é o afresco *São Sebastião*, em

Cerqueto, perto de Perugia, no qual resalta a grande capacidade plástica e o amplo conhecimento da anatomia, destacando-se amplamente das numerosas representações deste santo que se fizeram na região, santo que se invocava contra as epidemias da peste.

Nessa época, o artista devia gozar de sólida reputação, pois trabalhou para o Papa Sisto IV, por volta de 1478, provavelmente, em afrescos que se perderam, e mais tarde na capela Sistina, no Vaticano. Desse segundo período subsiste apenas a *Entrega das chaves de São Pedro*. Recorreu o artista a uma solução baseada no emprego da perspectiva linear, cujas linhas de fuga convergem todas num único ponto, situado na parte central do edifício representado no fundo da pintura. No primeiro plano desenrola-se a cena da entrega das chaves ao santo, que é observada por um largo número de personagens. A variedade cromática das vestes, juntamente com as posturas e atitudes das figuras, conferem a este primeiro plano um sentido de delicado, mas presente, dinamismo. A relação entre o primeiro plano e o último faz-se através da inclusão de uma região intermediária em que Perugino dispôs algumas figuras em movimento.

Entre 1490 e 1500, Perugino esteve no auge da carreira. Entre as obras do período, estão a *Visão de São Bernardo*, *A Madona e Santos*, a *Pietá* e o afresco *Crucifixão*. As figuras ocupam cenários arquitetônicos simples, de linhas renascentistas. A ação se concentra no primeiro e segundo planos, tendo como fundo um espaço que parece infinito. Nas obras desta época o artista demonstra ter assimilado os ensinamentos dos pintores florentinos que o precederam e que conseguiu uma forma absolutamente pessoal de se expressar: domina as perspectivas arquitetônicas e os grandes planos da paisagem que se vão afastando até ao infinito, mas, ao mesmo tempo, comunica aos seus personagens um profundo conteúdo lírico e mergulha-os numa espécie de êxtase ultraterreno.

Depois de 1500, a arte de Perugino entrou em decadência, com a freqüente repetição de composições. Por volta de 1505, o artista deixou Florença e passou a trabalhar principalmente para o público menos exigente da Umbria.

Em 1508, foi cahamado para pintar broquéis no teto da Stanza dell'Incendio, no Vaticano, enquanto os afrescos das paredes ficavam a cargo de seu discípulo Rafael. Estava ainda em atividade quando morreu de peste, em fevereiro ou março de 1523.

A ARTE DE VIVER

Última mensagem

Martin Claret

Este livro-clipping é uma experiência educacional. Ele vai além da mensagem explícita no texto.
É um livro "vivo" e transformador.
Foi construído para, poderosamente, reprogramar seu cérebro com informações corretas, positivas e geradoras de ação.
O grande segredo para usá-lo com eficácia é a aplicação da mais antiga pedagogia ensinada pelos mestres de sabedoria de todos os tempos:
A REPETIÇÃO.
Por isto ele foi feito em formato de bolso, superportátil, para você poder carregá-lo por toda parte, e lê-lo com freqüência.
Leia-o, releia-o e torne a relê-lo, sempre.
Invista mais em você mesmo.
Esta é uma responsabilidade e
um dever somente seus.
Genialize-se!